ACT

Acceptance and
Commitmennt
Therapy

不安・ストレス
とうまくやる

メンタルエクササイズ

気づけば、
また同じこと
考えてた……

同志社大学心理学部教授
武藤崇

主婦の友社

気がつけば
また同じこと
考えてた……
ってこと、
ありませんか？

思い出すたびに胸の奥がヒヤリとする大失敗

なんで
あんなこと
言っちゃった
んだろう

すみません！
すみません！

また同じ
失敗
しちゃった

頭の中で声がする。
自分の
マヌケに
涙が出ます
一生の恥！
本当に私ってダメな人間だ
ごめんなさい
忘れて
ください〜

忘れたいのに忘れられない 私を傷つけた言葉

ブ～ス
キミは役に立たないんだ
えー、ごめん、ちょっとムリ
でも実は
私も思ってる。
それって……本当のことだよね

失ってしまった 宝物みたいな時間

思い出すほどに苦しくなる。だって

もう二度と戻らないのは私のせいだから

湧き出す怒りや悲しみが止められない

思いやりがないのよ！
いつまで待たせるんだ！
時間がたつとズシンと落ち込む。
感情コントロールができないなんて最低だ

不安の種は尽きない

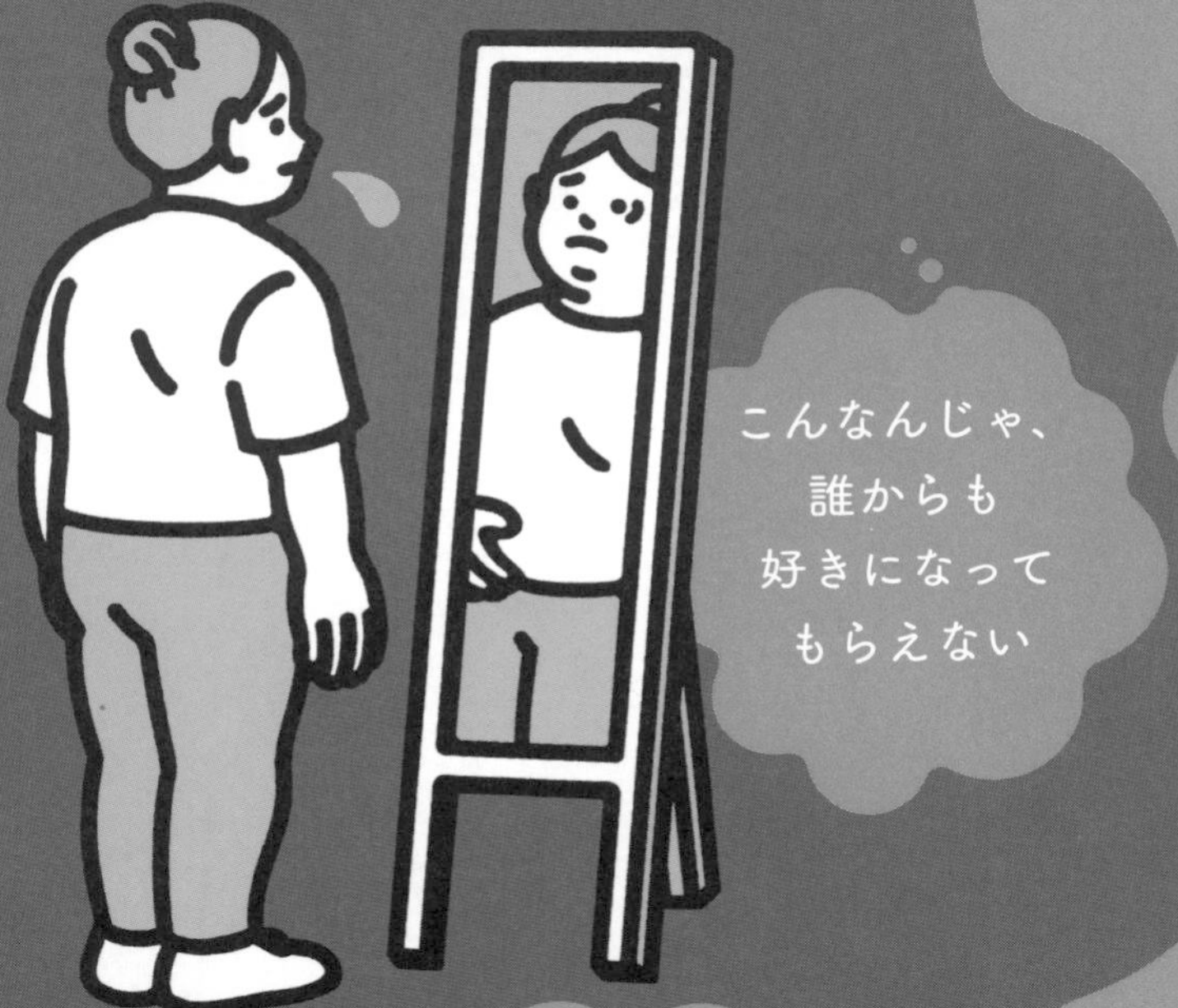
こんなんじゃ、
誰からも
好きになって
もらえない

新しい環境で
友達なんて
できっこない

心がおびえる。

…
この子は将来
どうなっちゃう
んだろう
老後の
お金が全然
足りない

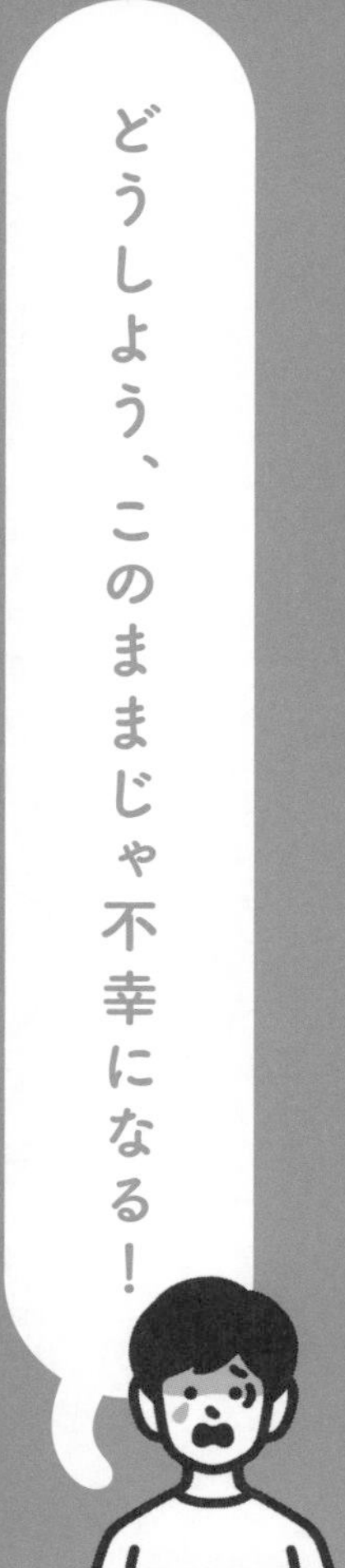
どうしよう、このままじゃ不幸になる！

このような心の声が
楽しい時間を
台無しにしてはいませんか？

いつも似たような
場面を思い出して
苦しい気持ちに
さいなまれてはいませんか？

それは感情や思考に
心をフックされて（釣り上げられて）
しまっている状態。
それは誰にでもあることです。

大事なことは、
フックをはずして
地面に降りること。
そして自分が望む方向へと
歩きだすことです。

最新の心理療法ＡＣＴ《アクト》アクセプタンス＆コミットメント・セラピー（Acceptance and Commitment Therapy）で、あなたの人生をあなたのものに

はじめまして。ＡＣＴへ、ようこそ。

この本をなにげなく手にした人にとって、「ＡＣＴ」という言葉は初めての出逢いかもしれません。まずは簡単にＡＣＴの紹介をさせてください。

フルネームは「アクセプタンス＆コミットメント・セラピー」といいます。え？　長いですか？　しかも耳慣れない言葉ですよね。よろしければ、頭の３文字をとって気軽に「アクト」と呼んでください。

アクセプタンスとは「受け止める」ということ、コミットメントとは「宣誓をして、それに沿って動く」というニュアンスがあります。つまり**「現状を受け止め、自分が大切にしていることを明確にして、それにもとづいて行動するための心理療法」**と言えるでしょう。

え？　わかりにくい？　よく言われるんです。そのあたりは中で詳しく説明しますね。

ACTの生い立ちについても、少しお話ししましょう。

ACTは1980年代に米国で生まれ、1999年に最初の専門書が出版されました。心理療法の中では若手のほうかもしれません。にもかかわらず、うつから不安神経症、慢性疼痛、麻薬中毒など、さまざまな症状に効果を発揮している実力派です。たった4時間のセラピーで、統合失調症患者の再入院率が半分になったというデータもあります。

その効果に注目したWHO（世界保健機関）は、ACTの考え方をもとに『ストレスを感じたらやるべきこと』と題した資料をインターネット上で公開しています（**URLを207ページに紹介していますので、よろしければ見てみてください**）。ACTの心理療法は、絶望的な体験をしてきた難民キャンプで過ごす人たちにも役立っているようです。

もちろん、先進国で暮らす健康な人が抱える日々の悩みや不安にも、ACTの効果は絶大です。特に知識層に、です。本を読み、インターネットを駆使し、思考することに慣れている人ほど、ACT的なアプローチが効果的といわれているのです。

それはこの本を今、手にしているあなたも同じだと思います。

迷ったり、悩んだり、過去の出来事にさいなまれたり、将来を不安に思ったり、今の自分を受け入れられなかったりしたとき、あなたは本を手にとるのではありませんか？　あるいはネットで検索しますよね。もしかしたら友人や先輩や家族に相談するかもしれません。

そこで得られるのは「言葉」です。言葉を使ってあなたは考えます。最良の答えを求めて。そして結論を出そうとします。

さて、結論は出たでしょうか。

その結論で、あなたの問題はすっきり解決したでしょうか。

おそらくどんなに考えてもさしたる結論は出ず、出たとしてもモヤモヤは残り続けることでしょう。そしてまた同じことを考え、頭の中を問いや否定や不安が渦巻き続けるのです。まるで妖怪のように、それは消えることがありません。

そんな人に向けて届けたいのが、ＡＣＴです。


ということで自己紹介はこの辺で終了です。え？　やっぱりわからない？　どうか本編をお読みください。そして後半にあるエクササイズを試してみてください。ＡＣＴとはその名のとおり、実際にやってみる（ＡＣＴ）ことで初めて、その意味やよさがわかるものなのです。

ひとつだけ先に説明するなら、ＡＣＴは「妖怪退治の方法」を教えるものではないということです。妖怪と適度な距離をとって、妖怪に惑わされず、妖怪がいても自分らしく価値ある人生を生きる方法をＡＣＴは提案しています。

妖怪とは何か？　それはあなたの心です。あなたの言葉です。あなたの中にあるものです。

その意味から、まずはじっくりと説明しましょう。

２０２３年７月

武藤 崇

PART 1 私の悩みは私の心がつくっていた

PART 2 マインドに囚われず生きるために！よくわかるACT講座

PART 3 心のフックをはずす7つのエクササイズ

PART 4

価値に沿って生きるための3つのエクササイズ

PART

1

私の悩みは私の心がつくっていた

私たちをしばるのは私たち自身が生み出した言葉。言葉で考えれば考えるほど問題は増えていくのです

人間は頭の中で問題をこねくり回す習性がある

人生に不安や恐怖や悩みはつきものです。

でもそれは「これからバンジージャンプをしなくちゃいけないけれど、怖くて足がすくむ」とか「目の前にヒグマがあらわれた。逃げるべきか、戦うべきか」という、「今、ここ」にある危機のようなことは少ないものです。

たとえば過去の失敗や失言がまったく無関係のタイミングでよみがえり、「自分はダメな人間だ」と落ち込むことはないでしょうか。目の前に熱々のラーメンがあるにもかかわらず、悲しい気持ちでれんげをにぎりしめることはないでしょうか。

まだ起こるかどうかもわからない未来を、憂えることもあるでしょう。自分はちゃんと就職できるのか、恋人が浮気しないだろうか、うちの子に早くから英語を学ばせないと将来困るのではないか、老後の貯蓄は2000万円必要なのに1890万円足りないぞ、などなど。

あるいは、今、目の前にいない人に腹を立てることもあるかもしれません。過去に傷つけられた言葉を思い出し、ふつふつと心の内側に怒りが湧き、誰も聞いてはいないのに言い訳や反論を頭の中で言い続けてしまうかもしれません。

今、目の前にいない人のことを思って、悲しくなることもありますよね。美しい夕日を見て感動した瞬間に、「あの人といっしょに見られたらよかったのに」と涙があふれてしまうのです。せっかくきれいな夕日なのに。夕日にはなんの罪もないのに。

もちろん、「今、この瞬間のつらさ」を抱えている人もいるでしょう。治らない病気、絶え間なくやってくる身体的な痛み、家族に関する深刻な問題、どうしようもない自己嫌悪……そんな避けられないつらさもこの世には数多くあります。

不安や悲しみや怒りや精神的な苦痛が訪れたとき、私たちは考えます。どうすれば解決するのか、どうすれば苦痛を取り除くことができるのか。考えて考えて、さらに考えて、もっと考えて、自分を責め、自分をなじり、再び考え、誰かをうらやみ、不幸を嘆き、それでも考え、とことん考え、そのぶん傷ついているのではないでしょうか。

でも、ちょっと待ってください。あなたを責めているのは誰ですか？　あなたの頭の中に浮かぶ言葉を発しているのは、いったい誰ですか？

「3年前の上司の言葉だ」ということもあるでしょう。でもその上司が言ったのは3年前です。今、あなたの頭の中で言葉を生み出しているのは、あなた自身です。

では、「老後の資金が足りない」という不安をあおっているのは誰でしょう。政府かもしれません。でもあなたに向かって言っているのではありません。あなたの耳元で直接ささやいているのは、あなた自身です。

幼いころに虐待を受けて、今でも心身の苦痛を感じて生きづらくなっている人もいます。そのつらさは察するに余りありますが、現在はもう虐待を受けていないとすれば、フラッシュバックさせているのはやはり、あなた自身の脳なのです。

私たちの頭の中でささやき続ける「マインドさん」

これはなにもあなたに限ったことではありません。誰もが経験していることなんです。10代の若者にも、人生経験豊富な高齢者にもあります。さまざまな職業の人、もちろん私のようなカウンセラーにもあることです。

私たちはみな、さまざまな苦痛や苦難や不安やコンプレックスを抱えて生きています。

でもよく考えると、その悩みを生み出し、耳元でささやいているのは私たちの心です。私たちの思考です。私たちが生み出す言葉なのです。

この本ではこれを「マインド」と呼びたいと思います。なかなかやっかいなものなので、ご機嫌を損ねないように「マインドさん」とお呼びすることもあるでしょう。

マインドさんは、かなりおしゃべりです。

仕事中に「コンビニの新しいスイーツは今日発売だよ、早く行かないと売り切れちゃうかもね」と教えてくれたり、前を歩く人を見て「めっちゃオシャレ。あの服どこで売ってるのかなぁ」と感想を言ったりします。その程度のおしゃべりなら問題はありませんので、これは「白《ホワイト》マインドさん」と呼びましょう。

しかし、マインドさんはときに不安や迷いの言葉をささやくこともあります。「それってホントに大丈夫？　信用していいの？」「私には絶対無理。やっぱりうまくいかない気がする」「私って本当にダメだよね」と。これを「黒《ブラック》マインドさん」と呼びたいと思います。黒マインドさんは、唐突に顔を出します。そして何度も何度も同じささやきを繰り返し、私たちの頭の中にさまざまな思い込みを植えつけます。それを私たちは真実だと思い込み、どんなに恵まれているように思える人生であっても不満や不幸や不足を感じて生きることになります。

このパートでは、私たちが知らず知らずに抱いている思い込みについて、ＡＣＴ的な視点でお話ししたいと思います。

私たちは24時間絶え間なく
マインドさんの声を聞いている

・白マインドさん・

こういうささやきは
問題ナシ

うちの子ってマジで
かわいいのよね。
昨日も「ママ大好き～」って
抱きついてきて、
かわいすぎて食べちゃいたい。
おっと、食べちゃダメダメ

推しのライブ最高！
また行きたいなぁ。
でも全然チケット
当たらないんだよね。
神頼みでもしようかなぁ

あー疲れた！
一杯飲んで帰ろう。
本当はステーキが
食べたいけど、
焼き鳥にしておくか

黒マインドさん

とりつかれないように注意！

推しのライブ最高！
でも、隣にいた子たち
かわいかったなぁ。
私みたいにダサイ子がいて
笑っていたんじゃないかな。
……恥ずかしい、
もう行けないよ
うちの子、かわいいんだけど、
このままで大丈夫かな？
まだ文字も書けないし、
絵本も読めないし、
パズルも苦手。学校で
落ちこぼれたらどうしよう
あー疲れた。
この疲れは新入社員の
○○のせいだよ。
アイツが無能だから俺に
迷惑がかかるんだ。
そもそも配属した部長が
バカなんだ
B

思い込み 1

人は幸せであるべきだ。幸せでないのは自分の責任

幸せとは、いいことも悪いこともある「めぐり合わせ」

人生は幸せなものだ。少なくとも幸せを求めて生きるべきだ——私たちは漠然とそう思っています。なぜそう思うんでしょう。アニメや漫画やドラマの主人公の影響を受けているのでしょうか。

プリンセスは必ず王子さまと結ばれますし、クラス一目立たない女子はクラス一のモテ男子に告白されます。突然目覚めた才能で少年は勝利を手にし、人生に迷っていた会社員は偶然の出会いの中で生きる意味を見いだします。

そのせいかどうかはわかりませんが、多くの人が「人は幸せになるのが当たり前」「幸せでないのは、私の行動や性格に問題があるからだ」と考えているようです。

そもそも幸せとは、どんな状態をいうのでしょうか。多くの人は「いい気分でいられること」「心が満たされること」「不平不満のない状態」と考えているように思います。そしてその状態が長続きすることを「幸せになる」と表現しています。

ところが、英語で幸せはhappinessです。語源はhappen（起こる）。つまり「突然降りかかるもの」というニュアンスが含まれています。

日本語でいう「幸せ」は「仕合わせ」とも書きます。これは「めぐり合わせ」と同じ意

味です。めぐり合わせも自分ではコントロールできず、降りかかるものといえるでしょう。**洋の東西を問わず、幸せな状態は平常運転ではないということが「仕合わせ」「ハピネス」という言葉に表れています。たまたま訪れたいい気分、それを幸せというのです。事実、めぐり合わせにはいいこともありますが、悪いこともあります。いえ、悪いことのほうが多くめぐってくるのが人生というもの**です。

うっかり寝坊するし、好きな人は別の人が好きだし、車庫入れに失敗して車をこすってしまったりします。それでも、置き忘れたスマホが拾得物として届けられていたり、適当に作った炒め物が奇跡のようにおいしかったり、子どもの寝顔が天使に見える瞬間があったりするのです。

その両方が存在する毎日を、私たちは「幸せ」と呼んでいいのではないでしょうか。

しかし、マインドさんはそれを幸せとは認めません。もっと出来栄えのいい幸せを求めてささやくのです。あなたが幸せでない理由を。

学力が高いうえにスポーツも得意で友達も多いのに、マインドさんはささやきます。「私は太っているし、ダイエットだって全然続かない。このままじゃ誰にも好かれないよ」。

自分を理解してくれる妻がいて、かわいい子どもに恵まれていても、マインドさんはささやきます。「同期のアイツはタワーマンションに住めるのに、自分にはとても無理。なんでアイツばかりいい思いをするんだ？ 誰かがオレを陥れているのか？」」。

マインドさんは自分のダメな部分を探し、強調し、このままではダメになると脅します。手元にある幸せでは、けっして満足させてはくれないのです。

でも、どうしてマインドさんはそんなことをするのでしょう。その背景には、人類数十万年の歴史があるのです（ちょっと話が飛躍しますが、お許しを）。

人類を進化させた「不安」は、現代社会で誤作動を起こす

地球上に誕生した私たちの遠い祖先は、非常に弱い生き物でした。鋭い牙も爪も頑丈な皮膚もなく、体も小さい。常に危険と隣り合わせでした。生き延びるためには周囲を観察

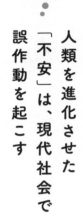

し、敵をいち早く発見し、危険を予知することが何よりも重要だったのです。

人類は生き延びるために、危険察知能力を研ぎ澄ませてきました。マインドは注意深く周囲を観察し、「気をつけろ！　その黒い塊はクマかもしれないぞ！」「その木の実には毒があるかもしれない」と警告を発しました。不安、猜疑心《さいぎしん》、欠点探し、それはすべて弱い人類が生き延びるために必要不可欠な情報だったのです。

人類が生き延びるために重要なもうひとつの要素は、集団をつくることです。広大な草原で独りぼっちになってしまったら、あっという間にオオカミの餌食です。

だからこそ、原始の時代からマインドはささやきます。「仲間に嫌われてないかな？」「悪目立ちしていないか？」「この人とこの人とではどっちが自分の味方になってくれるだろう？」と。人と自分を比較したり、優越感や劣等感にさいなまれたりするのも、人類が育て上げてきた危険回避のマインドなのです。

しかし、時代は変わりました。私たちはカギのかかる頑丈な家に住み、食料はスーパーの棚にひしめき、夜になっても昼間のように明るい街を歩いています。

にもかかわらず人類のマインドは危険を探し、不安をささやくことをやめられないのです。不安の対象はニホンオオカミでもナウマンゾウでもありません。周囲の人に嫌われること、試験で失敗すること、就職できないこと、子どもがひきこもること、老後の資金が足りないこと、いつか死んでしまうこと……そんな「危険」をささやき続けるのです。

もちろん現代でも危険察知能力が役立つこともあります。だからといって四六時中耳を傾ける必要があるかどうかは、はなはだ疑問なのです。

まとめ

幸せになることも、幸せでいることも、実はとても難しい。いいことも悪いこともめぐってくるのが本当の「仕合わせ」と呼ぶのかもしれません

思い込み 2

人は、自分の
心の声に従って
生きるべきだ。
心の声こそ、私自身

マインドさんが語る物語は、真実とは限らない

私たちは「本当の自分」という言葉が大好きです。自分は何を求めているのか、本当は何がしたいのか、どうすれば自分らしく生きられるのか……。真面目で誠実で知性的な人ほど、自分に正直に生きたいと願っています。だから心に問いかけ、その答えに耳を澄ませます。

でも、ちょっと待ってください。その声って、本物ですか？

私たちの**思考はとても高度です。言葉はもちろんのこと、映像**（**心の中に浮かぶイメージ**）**や音、肉体的な感覚や反応までを利用して、さまざまなものをリアルに浮かび上がらせます。このような「思考」のことを、ACTでは「マインド」といいます。**先ほどから何度も出てくるマインドさんのことですね。

たとえば、冷たいレモンソーダについて考えてみてください。グラスにたっぷりの氷。そこになみなみとソーダを注ぎます。ストローで吸い込むと甘ずっぱいレモンの味が口いっぱいに広がり、シュワシュワした液体が渇いたのどにしみ込んでいきます。

……などという文章を読んだだけで、あなたの頭の中にはその映像がありありと浮かんだのではないでしょうか。口の中にはレモンの酸味が広がり、冷たさを感じたはずです。

たった3行の短い文章なのに、あなたのマインドは視覚や嗅覚や味覚や触覚に訴えてレモンソーダを追体験してしまうのです。なんて高度な能力なのでしょう。

でも、あなたが今、味わったレモンソーダは存在しません。マインドさんのつくり出したニセモノにすぎないのです。

ホラー小説を読んだあと、一人でトイレに行くのはイヤなものです。ドアを開けようとする瞬間に「ほら、そこに何かいるぞ」と頭の中でささやく声がするでしょう。でも、トイレには何もいません。振り返っても、誰もいません。幽霊もゾンビも鋭いナイフをかざす男もいません。それもまた、マインドさんのつくり出したウソなのです。

実際に起きたことであったとしても、真実とは限らない

実際に起きたことでも、マインドさんが語ることが事実とは限りません。

たとえば何か事件があったとき、新聞や雑誌やテレビが取材し、報道します。一見それは真実のようですが、起きた事実を100％伝えているわけではありません。取材した記者が「ここをメインで報道しよう」と抽出しているわけですから、それはあくまで事実の一部にすぎないのです。なかには完全なフェイクニュースも存在しますよね。

マインドさんが語ることも同じです。「私は大事なときに失敗する」とマインドさんがささやいたとき、過去の失敗の映像がリアルに浮かぶかもしれません。その映像は確かに実際にあったことでしょう。でもそれは、過去の事実の一部でしかないのです。

新聞や雑誌の記事が「事実の一部にすぎない」ということは、わかりますよね。でもマインドさんの言葉は、なぜか丸ごと信じてしまうのです。

どうしてでしょう？　だってそれは、「私の心の声」だから。

でもね、マインドさんを信じすぎてはいけません。マインドさんはいろいろな物語をつくるのが得意なんです。あなた自身のことだけでなく、親友や恋人、妻や夫、子どもや学校の先生、両親や見知らぬ他人にさえなりかわって、物語をつくってしまうのです。ある意味、**めちゃくちゃ優秀なストーリーテラーです。**

念のために言っておきますが、ＡＣＴでは心の声を聞くことを害悪だと言っているわけではありません。ときに心の声が重要なアドバイスをくれることもありますし、自分を奮い立たせたり、慰めてくれたりもします。ネガティブなささやきであったとしても、そこから自分がどう動くべきかを決めることもできるでしょう。

マインドさんの物語を聞いてもかまいません。いえ、四六時中ささやくので、聞かざるを得ないことも多いでしょう。ただ、それを１００％真実だと思い込み、その物語に囚《とら》われてしまってはいけないのです。マインドさんのささやきのせいで、「学校に行けない」「せっかくのチャンスを棒に振ってしまった」「酒におぼれてしまった」「家族に暴力をふるった」など、マイナスな行動をとってしまうことがあるとすれば、それは大問題です。

真実でない物語に囚われてしまい、本当に必要なことができなくなってしまう状態を、ACTでは「フュージョンする」といいます。

フュージョンという言葉を聞いたことがありますか？　昭和世代であれば音楽のジャンルとして知っているかもしれません。ジャズやロック、ラテン音楽などジャンルの異なる音楽が融合したものをフュージョンと呼び、一世を風靡《ふうび》しました。

同様に、**マインドがつくる物語と真実が「融合」してしまい、どっちがどっちかわからなくなった状態をACTでは「フュージョン」と呼びます。**これについてはパート2でも詳しくお話しします。

さて、40ページの思い込み2に戻ります。心の声を聞き、心の声に従うことが100％悪いとは思いません。でも心の声が語る物語には真実でないことも多く、役立たないものもあります。融合する必要はまったくありません。

まとめ

心の声に耳を傾けるのは悪くない。
でもあまり真面目に
聞かなくてもいいんだよ。
だってそれは単なる言葉なんだから！

思い込み 3

ネガティブ思考はやめて、ポジティブに考えなくちゃ

ネガティブ思考を追い出しても、またすぐ戻ってくる

ネガティブ思考とポジティブ思考、よく聞く言葉です。

「どうせ私なんて、何をやってもダメなのよ」はネガティブ思考、「私にはダメなところもあるけど、そんな私も好き」がポジティブ思考、と言えるでしょう。

本書においては、ネガティブ思考を「黒マインドさんのささやき」と言い換えることもできると思います。

心の中から黒マインドさんのささやくネガティブな物語を追い出して、前向きで肯定的な気持ちで満たすことができたら幸せ(いい気分)でいられるような気がしますね。

でも本当にそうでしょうか？

この本を手にとったあなたは、今までだって何度も「ポジティブに考えなくちゃ」「ネガティブはよくない」と思ったはずです。そして実際に、ポジティブに考えることに成功したかもしれません。

でも残念ながらネガティブな考えは消えなかったはずです。そう、**ネガティブ思考というものは、追い出しても追い出しても戻ってくるものなのです。**

ネガティブとポジティブはコインの裏と表のようなものです。片方だけを消すなんてできっこないのです。しかも「思い込み1」でお話ししたように、人類は数十万年という時間をかけて危険察知能力を身につけ、不安を感じる力や疑心暗鬼する心を育て上げてきました。「もう21世紀なんで、ここからはポジティブ思考でお願いしますね〜」と言われても、そんなに簡単に変われるはずがないのです。

ACTはポジティブであることより「価値」を重視する

そもそも、ネガティブな考えはそんなに悪いものでしょうか？　逆にポジティブってそんなによいものでしょうか？

ACTでは「ネガティブは悪い、ポジティブはいい」という判断はしません。

ACTが大切にしているのは「価値」です。自分にとって価値のあるものは何かを知

り、価値に沿う行動をすることを提案しています。

たとえば「私は、家族を大切にして生きていく」ということに価値をおいた場合、ポジティブに考えるだけでは限界があります。夫が失業した、子どもの成績が伸びない、年老いた親が認知症になった……。家族のなかにネガティブなことは起きるものです。

そのとき「**ネガティブなものは見ない」とフタをしてポジティブに考えようとしても、問題はおそらく解決しない**でしょう。問題の本質はどこにあるのか、どうするのが家族のためによいのかを見定めていかないと、「家族を大切にする」というあなたの価値を守ることなどできないのです。

幸せとは「めぐり合わせ」だというお

話をしましたが、**価値ある生き方にはいいことも悪いことも起こります。苦しいことも楽しいこともあります。**

裏も表もあるのがコインだし、ネガもポジもあるのが人生なのです。

マインドさんは追い払えない。ともに歩いていくしかない

そんなわけで、ネガティブなことをささやき続ける黒マインドさんを追い出そう、消してしまおう、穴に落として埋めてしまおう、という考えをACTは推奨しません。だってムダだから。

必死になって追い出したのに、気づけば戻ってきてしまうネガティブ思考。そのたびにいちいち失望するのは時間とエネルギーのムダというものです。

では、どうするのか？　受け止めるしかないのです。そう、受け止めるのです。といっても、ネガティブな考えを肯定する必要も、好きになる必要もありませんよ。

たとえば家の中に羽虫が入ってきたとします。追い出そうとしても窓から出ていく気配はありません。いっそ殺してしまおうと丸めた新聞紙を振り回しても、すばしっこくてたたき落とすことができません。あなたはヘトヘトです。「羽虫1匹殺せない自分は、なんてダメなんだ、もう死んでしまいたい」……なんて思わなくていいんです。羽虫ごとき、

その辺に止まらせておけばいい。そのうち出ていくだろうと考えて、翌朝また窓をあければいいのです。ときには「まだあそこにいるよ」と気になることもあるでしょう。でも、見えないふりをすることもできるはずです。

そんなふうに、ネガティブな思考を心の一部においておくことをACTは提案したいのです。黒マインドさんのささやきを真に受けず、「あ、またつぶやいているよ」と聞き流しながら、自分の価値ある方向に向かって歩いていきましょう。

まとめ

追い出しても戻ってくるのが
ネガティブ思考。
否定的な言葉をささやかれても
私は注目しないので、悪しからず

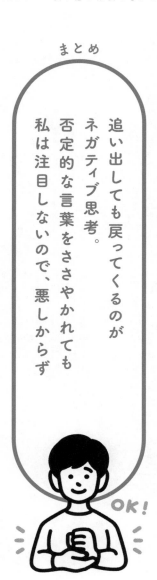

思い込み 4

問題の原因は自分にある。欠点に気づいたら直さなくちゃ

解決するための努力が、問題を生み出すとしたら？

ここまで読んで、もしかしたらあなたはこう思っているかもしれませんね。「マインドさんがささやいていることは、ニセの物語なんかじゃありません。本当のことです。だから私が変わらなくちゃいけないんです」と。

マインドさんの声に従って、できるだけ早い段階で解決方法を探したほうがいいのだと主張する人は少なくありません。でも、本当にそうでしょうか？

たとえばあなたのマインドが「私は太っている。だから好きになった人に愛してもらえないんだ」とささやいたとします。あなたはそれを真実だと考えました。

だって体重は標準よりずっと重いし、おなかのお肉はこんなにはみ出している。そのせいで似合う洋服がない。こんな私が彼から愛されるはずがない、と思うわけです。

体重が標準体重より重いことも、おなかのお肉がはみ出していることも事実でしょう。そのせいで好きな人に振り向いてもらえないというのも、もしかしたら本当のことかもしれません。でも、それらが事実か事実でないかは、ACT的にはさほど重要ではありません。**ACTが重視するのは、そのことがあなたの人生に有益かどうか、**です。

自分が太っていることを気に病む人は、この世にたくさんいます（明らかに太っている人もいれば、「どこが？」という人もいますが……）。

そんな人の中で、やせるための努力を一切していないという人なんてめったにいません。食事を制限したり、運動を始めたり、評判のサプリを試したり、ジムやエステにけっこうな額のお金を投じたりしています。なのに、自分が望むほどの効果がなかった。一度やせてもまた戻ってしまった。だから「太っている」と悩んでいるわけです。

そんなあなたにマインドさんはささやきます。「私って本当にダメな人間だ。意志が弱いからやせられないんだ」と。それを聞いてあなたは「確かにそのとおり。私はダメな人間なのだ」と考えます。絶望的な気持ちになります。すると、どうなるでしょう。

ヤケになってチョコレートやアイスクリームやピザを大量に食べてしまうかもしれません。逆に何も食べられなくなるかもしれませ

ん。あるいはたくさん食べて全部吐いてしまうかもしれません。甘いもののかわりにお酒を飲んでしまうかもしれません。太っている自分がイヤで、外に出られなくなってしまうかもしれません。

それはあなたの人生にとって有益なことでしょうか？

あなたを「フック」しているものはなんですか？

「私は太っている。だからやせるための努力をしなくちゃいけない。それができない自分はダメな人間なのだ」という言葉は「フック」になります。

フックとは、あなたの心を釣り上げてしまう考えや感情です。いうなれば、釣り針のようなものです。あなたを釣り上げ、たちまち空中に運び上げてしまいます。ジタバタしても逃げられません。その考えに取り込まれてしまうのです。

フックする言葉や考えはさまざまです。**過去のつらい体験や未来への不安、自分への否定、他者を心配する気持ち……。そこに心が囚《とら》われてしまうと、今、目の前に小さな幸せがあったとしても受け入れることができなくなります。**「私はやせるまで幸せにはなれない」と思い込んでしまうのです。

誤解のないように言いますが、ダイエットのために運動や食事制限をしてはいけないと

言っているのではありませんよ。それがフックになってしまうことが問題だと言っているのです。やせるための努力があなたを健康にし、心まで晴れやかにしてくれることもあるでしょう。一方で、太ったままでも健康な人はたくさんいます。体形にかかわらず、魅力的でみんなから愛されている人もたくさんいます。それも事実であるはずなのに、そこに目が行かなくなることを「フックされている」というのです。

フックされてしまうと、自分の価値とは違う方向に進んでしまいます。

先ほどの例に戻ると、「太っているから、彼に愛されない」と思い込んでいる人は、実は「彼とつきあって楽しい時間を過ごす」ということに価値や希望を見いだしているのかもしれません。にもかかわらず、やせることだけに必死になってしまい、心や体を病んでしまったとすれば、それは価値から離れてしまうことになります。

まずは、自分がフックされていることに気づくことが必要です。そしてフックをはずすことです。「待てよ、私って本当は何を求めているんだったっけ？」と落ち着いて考えることが大切なのです。

大事なことは、自分を責めることでもヤケになることでもありません。自分の行動が、自分の価値からそれていることに気づくことです。

まとめ

一方的な考え方にフックされちゃダメ。
大事なことは
「正しいか正しくないか」よりも
自分の人生に有益かどうか、です

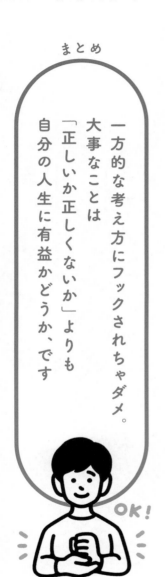

思い込み

5

感情や不安をコントロールできないのは、本人の責任

アンガーマネジメント大ブーム。怒っちゃダメなの？

喜怒哀楽は突然やってきます。やったあ！という喜びや、めっちゃ楽しいという笑顔に不快感を覚える人はあまり多くないと思いますが（騒ぎすぎは禁物かもしれませんけどね）、唐突な怒りの感情や抑えようのない悲しみの涙は、周囲の人を困惑させることが多いものです。特に激しい怒りは人を恐れさせますから、できるだけ自己コントロールすべきだといわれています。アンガーマネジメントという言葉も広く知られるようになってきました。

でも、感情のコントロールなんてできるのでしょうか？

残念ながらできません。怒りはなんらか

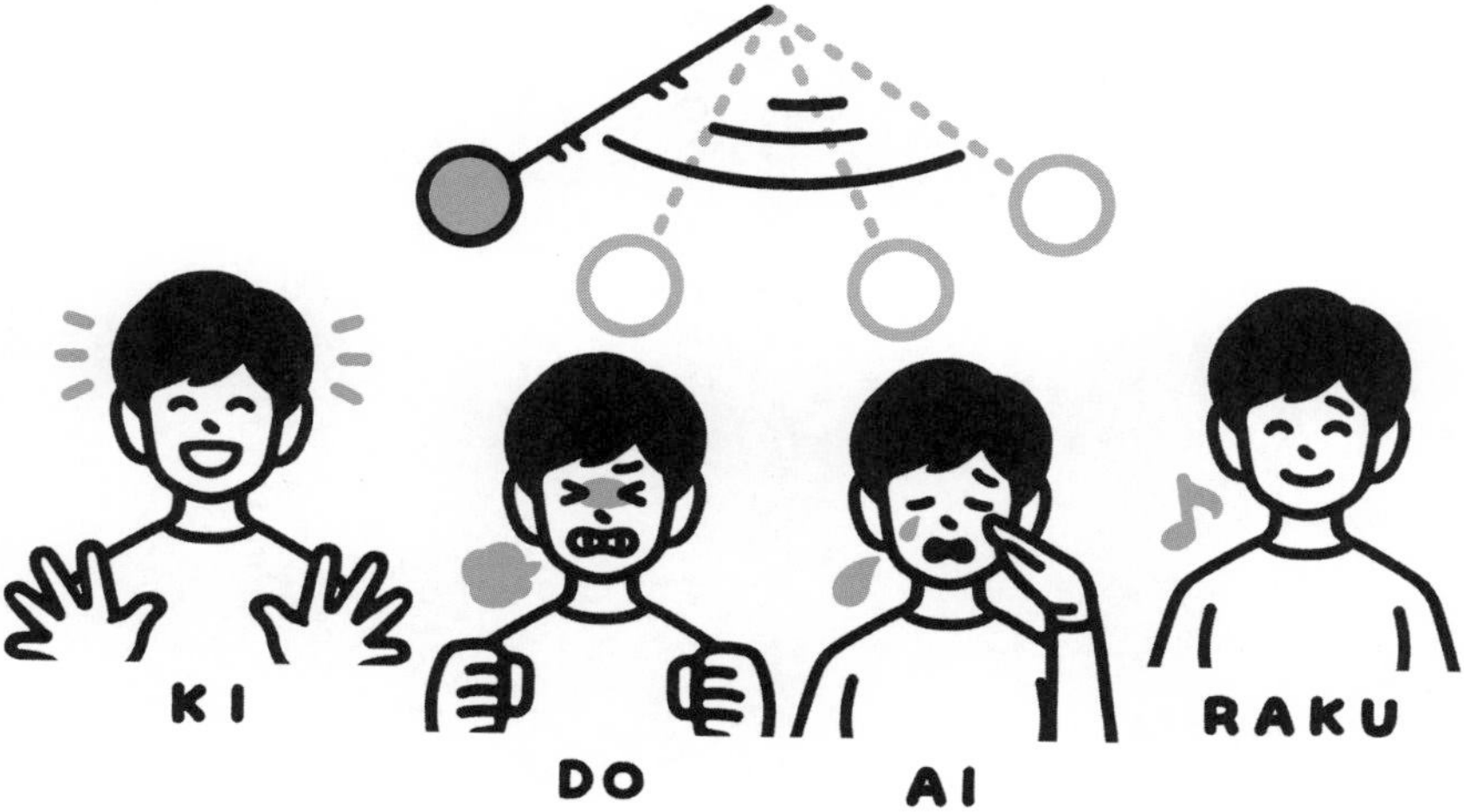

のきっかけで自動的に湧いてくるものです。バクバクいい始める心臓も、頭に上っていく血液も、冷たくなっていく手足も、私たちがコントロールできるものではありません。**感情コントロールなんてできっこないのです。**

でも、感情が私たちの行動をコントロールすることもまた、できないのです。

怒りが湧いたからといって、必ず暴言を吐いたり、人をなぐったりしなくちゃいけないわけではありません。悲しくてたまらないからといって、ヤケ酒やヤケ食いをしなくちゃいけないわけではありません。

感情はコントロールできなくても、行動はコントロールできます。感情はお天気のように、絶え間なく変化しているものです。湧き上がった感情の嵐も、少し時間をおけばいつの間にか過ぎ去っているということも多いものです。

もがけばもがくほど、底なし沼に沈んでしまいます

想像してみてください。感情の嵐が吹き荒れているときのあなたは、底なし沼でおぼれかかっている人のようなものです。「やばい、おぼれる」と思った瞬間、その手は救いを求めて空《くう》をつかむでしょう。両足は水を蹴って前に進もうとするに違いありません。そのたびに藻は足にからまり、焦り、不安になり、大声で叫びたくなります。でも声が出る前

に口には泥水が入ってきます。もがけばもがくほど、体は沼に沈んでいくのです。**何をすればいいの？ どうすれば助かるの？ 答えは明白、何もしないことです。**

全身の力を抜き、大の字になるのです。顔はあおむけにしましょうね。そうそう、体がゆっくり浮かんでくるのがわかるはずです。口が水の上に出たら、そっと息をしましょう。大丈夫、あなたは浮かんでいます。おぼれてパニックになっていたのはさっきまでのこと。もう大丈夫。

もう一つ、別の想像もしてみましょう。感情の嵐が吹き荒れているときのあなたは、高い木のてっぺんにしがみついているようなものです。「やばい、飛ばされる！」と思った瞬間、木の枝をぎゅっと握りしめるでしょう。てっぺんの枝はか細く、いつ折れるかわかりません。

「嵐よ、やんでくれ！」と叫んでも、嵐をコントロールすることはできません。**ここで大事なことは、なんとかして地面に降りることです。いちばん安全なのは地面です。**手の位置、足の位置を確認しながら、一歩一歩ゆっくり木から降りましょう。嵐を止めることはできませんが、安全な場所に移動することは可能です。しっかり枝をつかみ、下へ下へと向かいましょう。地面に両足がつきました。もう大丈夫。

感情の嵐が吹き荒れたときには、できるだけムダな努力はしないことです。嵐を止めることはできません。ジタバタもがくのではなく、体の力を抜いてプカプカ浮くこと、一歩一歩地面に向かって降りていくこと。それしかできませんし、それがいちばん大事なことなのです。

コントロールできることと、できないことがある

私たちがコントロールできないことは、感情だけではありません。今までお話ししてきたように、心に浮かぶ思考やイメージ（マインドさんのささやき）を消し去ることもできません。でもね、それに対してどう反応するかは選択できるのです。

他人の言動も、コントロールできません。でも、自分の言動を変えることで他人に影響を与えることは可能かもしれません。

他人が自分をどう評価するか、操作することはできません。でも、自分自身が「ここまでやったのだから、なんと言われてもいい」と思うところまで努力することはできるのです。

未来で起きることを変えることはできません。でも、未来に影響を与えるかもしれない行動に気づき、今の行動を修正していくことは可能です。

過去に起こったことや、そこから湧き出すつらい記憶を消すことはできません。でも、それに自分がどう反応するかは、自分で決められるのです。

自分でコントロールできないことで、もがくのはやめましょう。自分でコントロールできることはしていきましょう。そしてその違いに気づくことも、とても大切なのです。

まとめ

感情をコントロールできなくても感情的な行動を抑えることはできるはず！

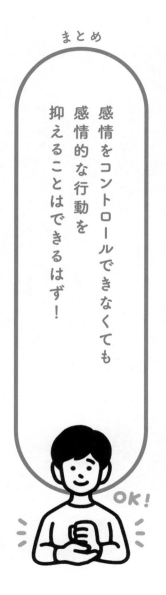

思い込み 6

不愉快な思考や感情から逃げること、フタをすることも大事

「考えないようにしよう」なんて、実はできないんです

不愉快なことは、できるだけ考えないようにしよう。そう思うことはよくあることです。でもそれが成功することはめったにありません。だって、あなたのマインドさんは本当におしゃべりで、表現が上手なのです。

では、やってみましょう。課題は「ラーメンのことを考えない」です。

どんぶりから立ち上る湯気とか、とろけるようなチャーシューとか、うっすら油の浮いたスープとか、麺をズズズッと吸い込んだときに口に広がる味のことなんて、ぜーーったいに考えないでくださいね。味玉のとろける黄身のことなんて、ああもう絶

対に考えちゃダメですよ!!

……考えてしまいましたよね。きっとマインドさんはご丁寧に画像まで添えてくれたのではないでしょうか。

考えないようにしよう、感じないようにしようという闘いはムダに終わることが多いのです。ムダであるだけではありません。不愉快な思考や感情を追い出すことに一生懸命になることが害になることも少なくないのです。

感情や思考を押さえつけると、しっぺ返しがやってくる

「不愉快な感情から逃げよう、フタをして見ないようにしよう」と考えたとき、ありがちな行動があります。

①気を紛らす

テレビを見る、音楽を聴く、ゲームをする、運動をする、人と会っておしゃべりをするなどなど。これは短期的にはうまくいくかもしれません。でもそこにかける時間のムダづかいは気になるところです。それに、長期的に見たときには効果がない場合が多いものです。だってすぐ思い出してしまうし、マインドさんのおしゃべりは絶え間なく続くのですから。

②逃げる、やめる

専門的には、回避行動といいます。不愉快な気持ちが湧き上がりそうな場所や人や機会を避ける行動のことをいいます。仕事を変えたり、不登校になったり、友達との集まりに行くのをやめたり、実家に帰るのを控えたり。

それが悪いとは言いません。でもそのせいで、あなたが目指すものが手に入らなくなることもあります。学校に行けなくなることで、希望の進路が選べなくなる。友達と会うのをやめてしまうことで、孤独な気持ちや不安にさいなまれる。それがあなたの人生の価値を見失わせてしまうこともあるかもしれません。

③別のものに依存する

たとえばお酒、甘いお菓子、買い物、恋愛やセックス、宗教、自傷行為……。

どれもその瞬間はつらさや苦しさを忘れさせてくれるかもしれません。でも、残念ながら大きな代償が支払われることになります。健康、仕事、人間関係、経済状態、そして自分を好きでいる気持ちも失われてしまうかもしれません。

差し出されたものは、そのまま受け取りましょう

あなたをさいなむ不愉快な思考や感情は、そのまま受け取るしかありません。確かに不愉快です。イラッとします。悲しくなります。つらい気持ちにもなるでしょう。でもそれは、あくまでもごく自然な不快感です。ＡＣＴではこれを「クリーン（きれい）な不快感」といいます。そのときにはつらくても、時間とともに消えていく可能性が高いのです。

一方で、66ページにある①～③のような対応をしたり、「思い込み４」でお話ししたように、なんとか解決しなくてはとジタバタあがいてしまうと、「ダーティーな（汚い）不快感」になってしまい、失うものが多くなってしまうのです。

ＡＣＴでは、湧き上がった感情も思考もすべてそのままで受け取りましょうと伝えています。「なんでこんなことになったんだ？」「誰が悪いんだ？」と、問題の原因や背景を洗い出すこともしません。考えれば考えるほど、迷宮に迷い込んでしまうからです。

言葉は次の言葉を生み、次の言葉はまた別の言葉を生みます。そのせいで最初の不快感

の原因が大したことではなかったはずなのに、頭の中で熟成されてまた別の不快感を生み出してしまうのです。

差し出されたものは、そのまま受け取りましょう。押さえつけたり、隠したり、逃げたりせず、**ただそこにおいておく。それで十分なのです。**

まとめ

感情や思考は湧き出すままにして
消えるのを待つだけでいい。
余計なことをすれば悪化しちゃうよ

あなたのバスを妖怪に乗っ取られないで！しっかりハンドルを握って「価値」に向かいましょう

ひしめき合う妖怪は、あなたに注目してほしいのだ

ここまで6つの「思い込み」について説明させていただきましたが、ＡＣＴが伝えたいものをなんとなく理解していただけたでしょうか？

簡単に言えば、私たちの悩みや不安は私たちの心がつくり出しているものであり、それと戦ってもあまり意味がないんだよ、大事なことは「自分の価値」に沿って生きることなんだよ、ってことです。え？　簡略化しすぎですか？

ではこのパートの最後に、もう一つのＡＣＴのイメージをお話ししましょう。

ここに1台のバスがあります。そう、72ページのイラストがそれですね。なんか妖怪みたいなのがいる？　まあ、そういうこともあるでしょうね。

あなたは運転手で、バスの乗客はあなたのマインドさんたちです。なんか妖怪みたいなのがいる？

ある乗客はとても感じがよく、運転手にも協力的です。でもなかには「そっちじゃないよ」「運転ヘタだな」「もっと丁寧に運転して！　乗り物酔いで吐きそう」など、いろいろなことを言う乗客もいます。「運転手、最低だなぁ」とののしる客もいます。

あなたはどうしますか？　バスをいったん路肩に止めて彼らに近づき、「文句を言うなら、とっととバスから降りてくれ」と言いますか？　でもヤツらが素直に降りるとは思えません。ここでモメたらほかの乗客に迷惑がかかりますし、バスの運行が遅れることは明らかです。

あなたがすべきことは、ただ運転を続けることです。

彼らは運転手に注目してほしくて騒いでいるのです。だから、あなたが注意すればするほど調子に乗ります。あなたが怒れば怒るほど、ますます不愉快な言葉を叫ぶでしょう。彼らの声に耳を傾ける必要はありません。

彼らはあなたにけっして危害を加えませんから、安心してください。注目しなければ、叫ぶことに飽きて多少はおとなしくなるかもしれません。あなたは、ただ目的地に向かってバスを走らせればいいのです。

このバスが走っている道路は、あなたの人生です。目指す目的地は、あなたの価値です。そして、口うるさい乗客を乗せたまま、無事故無違反で目的地までバスを運転する方法をお伝えするのがACTなのだということです。

なんとなくわかっていただけたでしょうか？　はい、なんとなくでOKです。

パート2では、ACTとは何か、具体的にお話ししていきます。どうかついてきてくださいね！

MONSTE
MODORU
SUSUMU
BUS
ACT

ACTって何？
ムトウ教授に
代表質問！

1 「マインドさん」ってなんですか？

答える人
ムトウ教授
日本におけるＡＣＴ研究の第一人者で、臨床心理学（行動分析学）を専門とする同志社大学教授。「心理学は、科学と実践の『二刀流』の体現がキモとなる学問である」がポリシー。

質問する人
編集者コン
長らく仕事と子育てを両立させ、子どもが巣立ったあとは老親の遠距離介護に奔走中。常に仕事と家庭と人間関係で頭の中がいっぱいのベテラン編集者。

コンさん、このたびはＡＣＴの世界へようこそ！　でも、心なしか表情が暗いようですが……気のせいですか？

あ、バレちゃいました？　実は今、少し動揺しているんです。ＡＣＴ初心者の私にとって、びっくりすることが多くて……。そもそも私たちのマインド、つまり思考や言葉って悪者なんですか？　何も考えないほうがいいってことなんでしょうか。

いえいえ、そんなことはありませんよ。考えたり、恐れたり、先を読んだり、人に伝えたりするのはすばらしい能力です。これがあるから人類は生き延びてこられたし、文明も発達したんです。ただ、マインドさんはあまりに有能すぎて、本来は考えなくていいことまで考えちゃう。自動的にいろいろな情報を接続しちゃうので注意が必要だ、ということです。

自動的に接続する？　それってどういうことですか？

じゃあ、実験してみましょう。コンさん、私がこれからある言葉を言いますので、ひらめいた言葉を続けて言ってください。

わかりました。どうぞ！

世界に一つだけの？

花！

なるほど。では「花、という言葉はＮＧワードです」と言われたらどんな言葉を入れますか？

え？　……じゃ、じゃあ「世界に一つだけの……墓？」。

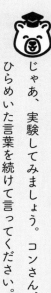

墓ですか（笑）。つまり「花」というワードを忘れることができなくて「墓」になってしまったわけですか。

そりゃそうですよ～。ほかの言葉はなかなか浮かびません。

「脳に消去のボタンはない」っていわれるんですが、まさにそのとおりですね（笑）。

確かに私の記憶の中のキーワードと瞬時に接続して、一つの言葉を選び出したのがわかりました。マインドさん賢い！

しかもコンさんの頭の中には、この歌のサビのメロディーが流れたはずですし、「この曲がはやったころには、子どもがまだ小学生だったなぁ」とか「あのグループが解散したのはショックだった」とか考えたでしょ？

ドキ！　はい、そのとおりです。次々と浮かんできました。

考えるなと言われても思考はどんどんつながります。しかも、連想された記憶は

「今ムトウとしている会話」とは無関係。つまりコンさんは、マインドさんにフックされてしまったわけです。

そういうことですね！ おそるべし、マインドさん。
でも「世界に一つだけの花」にフックされるなら別にいいんですけど……私、いろいろなことにフックされているんです。

たとえばどんなことですか？

社会人になってからずーーっと、仕事のこと、家事・育児との両立、子育てのこと、近年は介護のことで悩んできたんです。そのたびに「自分はなんてダメなんだろう」「努力が足りないからいろいろな人に迷惑かけちゃうんだ」ってグルグル考えることが多くて……。考えすぎて夜眠れなかったり、突然何年も前のことを思い出して悲しくなってしまったり。気持ちを切り替えようと思ってもうまくできなかったんですよね。

わかります。現代を生きる人は多かれ少なかれ、そういうグルグル思考にとりつかれているものなんです。

そうなんですね。実際、今回ACTの本を作りながら目からウロコがボロボロ落ちました。まさか私の心が私を苦しめていたなんて想像もしなかったんです。

特にコンさんのように、日々言葉にふれている人は言葉に囚《とら》われやすいんです。考え続けた挙句、どんどん思考の沼に入り込んでしまいます。そういう人を一文字で表すと……

……これはなんて読むんですか？

「フュージョン」とでも読みましょうか（笑）、もちろん勝手に創った漢字です。

そうか、私たちは言葉に囚われているんですね。ＡＣＴを知って言葉に対する意識がちょっと変わりました。言葉を尽くせば尽くすほど気持ちが伝わると思っていたんですが、言葉が言葉を呼び、ますます混乱するってこともあるんだなぁって。

そこに気づいたら、第一段階はＯＫです。次のパートではＡＣＴの全体像をご説明しますね！

PART 2

マインドに囚われず生きるために！よくわかるACT講座

心を病む人が多い現代社会。しなやかな心を育てて自分らしく生きていくための新しい心理療法がACTです

21世紀、日本のうつ病患者は年々増加し続けている

パート1では、私たちの「マインドさん」について詳しく説明させていただきました。「わかるわかる。自分にもこういうこと、あるよ！」と気づいてくれたらうれしいです。

ACTという心理療法は、マインド（自分の中にある思考や感情、頭の中で渦巻く数多くの言葉）に着目しています。

マインドは私たちが思うよりはるかに優秀です。情報を瞬時に接続し、過去と未来を行き来し、見ず知らずの人の悲しみや喜びに共感します。くだらないギャグや下ネタを思いついたり、推しの笑顔を脳内に再現させたり、今日の夕飯は焼き肉か鮨《すし》かそれともコンビニ弁当かを真剣に考えたりします。なかなかかわいい存在です。

でも、それだけではありません。

ときに私たちの不安を引き出し、疑心暗鬼にさせ、自信を奪い取ります。未来を恐れ、過去を恥じ入り、今を生きる勇気を粉々にします。妄想を真実だと思い込ませ、心の痛みだけでなく、体の痛みまで引き起こすこともあるのです。

このようなマインドは、心を病んでいる人、つらい体験をした人だけが持つものではありません。そう、この本を読んでいる今のあなたにも日常的に起こっていることです。

厚生労働省の「患者調査」によると、日本のうつ病（そううつ病含む）の患者の数は21世紀になって急増しています。

１９９９年の患者数は44万人だったのに対し、２００２年には71万人、２００８年には１０４万人と増加を続け、２０１７年には１２７万人、そしてコロナ禍に突入した２０２０年には１７２万人という莫大な数に膨れ上がりました。

もはや心の病気はけっして珍しいものではなく、私たち誰の心にも起こりうる問題だということです。

「心の言葉は、ときに有害である」から
ＡＣＴは始まっている

ＡＣＴは、メンタルヘルスを維持するためにマインドをどう取り扱うべきかをとことん考えてきました。といっても、「マインドを強くしよう」とか「あなたのマインドはなぜこう考えるのかを問いただそう」とか「ポジティブなマインドにしていこう」なんてことはいっさい考えていません。

ＡＣＴが導き出した結論は、「私たちを苦しめているのは、マインド（心の中の言葉）である」という考えです。

ですから、ＡＣＴはマインドを主役にはしません。マインドに問いかけたり、マインドを見つめ直したり、マインドに変わってもらおうとアプローチしたりしません。

かといって敵キャラにもしません。マインドを追い出そうともしませんし、マインドから逃げたり、マインドと戦ったりもしません。

だったらどうすればいいの？

ＡＣＴでは、マインドが語りかける「物語」を「物語だ」と認識するところから始めます。マインドのおしゃべりを観察し、「これは自分にとって有益か、無益か？」だけを考えます。「これは単なるマインドの言葉でしかない」と理解し、それを受け止めます。あ

るいは流していきます。

マインドが何回同じことをささやいても、そこに囚《とら》われることなく、自分にとって価値のあるものを見いだし、その方向に向かって歩んでいくのです。それがＡＣＴの基本的な考え方です。

ACTを学ぶことで手に入れる「しなやかな心」

ACTが目指すものは、苦しみのない世界ではありません。ハッピーなだけの生活でもありません。ポジティブ思考でもありません。どんなに望んだって、いいことばかり手に入るなんてありえないからです。

人生にはいいこともあり、悪いこともあるものです。ポジティブがあればネガティブもあります。生があれば、死があります。それは変えられません。

だからこそ、苦難や苦痛が大きな嵐となって吹き荒れたときでも、ポキンと折れてしまわないようにしたいのです。折れさえしなければ、嵐をやり過ごすことができますからね。強い風にも、ゆっくりとしなる柳の枝のように。多少の凹みができたとしても、時間とともに元に戻る低反発枕のように。

それをACTでは「心理的柔軟性」といいます。もうちょっとわかりやすくいえば、「心のしなやかさ」。そう、**ACTが目指しているのは、しなやかな心を手に入れることな**のです。

怒りや不安、自分への失望、周囲への猜疑心《さいぎしん》などのマイナスな思考や感情（黒マインドさんですね）は、けっこう暴力的なものです。正面から受け止めてしまえば、心が砕けてしまうかもしれません。でもほどよくやり過ごし、再び自分の向かう方向に舵《かじ》をきれる順応性、それが、しなやかな心です。

心理的柔軟性が高いと、いいことがたくさんあります。たとえば、こんなことです。

- **マインドさんがどんなことをささやいても、大きく揺れることがなくなります。**
- **マイナスの感情やネガティブな思考と、一定の距離をとることができます。**
- **自分の心が安らぐ方法がわかるようになります。**
- **自分が大切にしているものが、よく見えるようになります。**
- **さまざまな選択を、自分らしくできるようになります。**

そのほかにも、いろいろないいことがあるはずです。自分の考えに囚《とら》われないことで、人に対して寛容になれるかもしれません。生き方の選択肢が豊かになるかもしれません。ご機嫌でいられる時間が増えるかもしれません。純粋に人生を楽しむ方法がわかるかもしれません。そして不可避的な苦しい体験も、乗り越えられるようになると思います。

心理的柔軟性を構成する６つのプロセス……とは何？

ということで、左の六角形の図を見てください。ＡＣＴではこれを「心理的柔軟性を構成する６つのプロセス」といいます。難しいので簡単に言い換えると、「心のしなやかさを手に入れるための６つのキーワード」です。

この６つが協力し合ったとき、私たちの人生はきっと変わり始めます。物事の見方が変わり、受け止め方が変わり、選択が変わります。苦痛をもたらしていた感情や考えと上手につきあえるようになります。そして人生が、自分にとって豊かで意味のあるものになっていくのです。

ざっくり分けると、①〜④は「マインドさんとのつきあい方」です。マインドさんのささやきに気づき、心の声に囚《とら》われない方法を学んでいきます。⑤〜⑥は自分の進むべき方向を見つけ、豊かに生きるためのヒントになります。

次のページから、それぞれの意味についてお話ししましょう。

“しなやかな心”を手にするための6つのキーワード

心理的柔軟性

心の声に惑わされず、
今、この瞬間とつながり、
自分が大切だと
思うことを実行
できている状態

1 脱フュージョン

あなたの「マインド」と
上手に距離をとろう

2 アクセプタンス

不安や苦痛に
居場所を
つくってあげよう

3 観察する自己

マインドさんの
言葉を観察している
あなたに気づく

4 「今、この瞬間」

過去や未来ではなく、
この時間・場所と
接続する

5 価値に気づく

自分にとって
本当に大事な
ものとは？

6 有言実行

考えるだけじゃダメ。
価値に向かって
ACTする（行動）！

1

脱フュージョン

あなたの「マインド」と距離をとろう

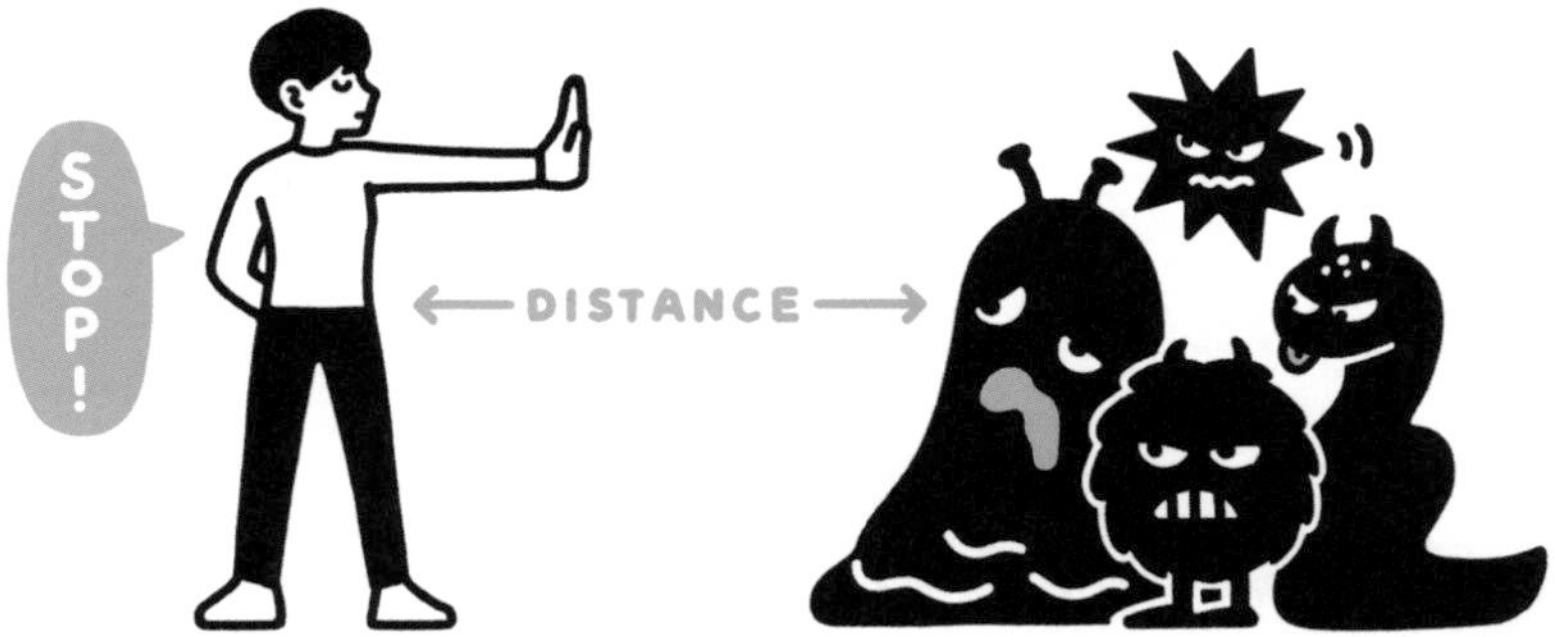

POINT

- マインドさんの言葉を
  真実だと思い込むのが「フュージョン」。
- 何かの感情や思考にフックされてしまうのが
  「フュージョン」。
- フュージョンに気づき、
  マインドさんと距離をおくのが「脱フュージョン」。

私たちは知らず知らずのうちに「フュージョン」している

フュージョンとは、何かと何かが溶けて混じり合い、一つになってしまったような状態をいいます。日本語に訳すと「融合」となります。

たとえば五円玉は、銅と亜鉛を混ぜ合わせてつくった真鍮《しんちゅう》という金属です。五円玉を見て「銅と亜鉛が混じっている」とは少しも思わず、「金色だから金かもしれない」などと思ってしまいます。これがフュージョンです。

同じように、私たちは私たちのマインドとフュージョンしがちです。

パート1でもお話ししたように、「私は太っている。だから彼に愛されるはずがない」というのも認知的なフュージョンです。太っていることと、愛されないことは別問題です。にもかかわらず、それが絶対的に正しいことだと信じて疑わない、それを「認知的フュージョン」といいます。

そのほかにも、93ページの例のようにさまざまなフュージョンがあります。状況は違いますが、どのケースも自分の思考や考えを真実だと思い込んでしまう点で共通です。

マインドさんはいろんなことをつぶやきますが、「○○が悪い」「○○のせいだ」「○○が怖くてしかたない」などブラックなつぶやきをする黒マインドさんには注意が必要です。黒マインドさんの考えにフュージョンしてしまい、それを信じ切ってしまうと、ほかの方向から物事を考えることができなくなってしまうのです。

「妖怪マインドさん」の着ぐるみを脱ごう

黒マインドさんとフュージョンしてしまっても、私たちはそれになかなか気づくことはできません。だってそれが自分の考えだと、それが正しいことなのだと、思い込んでいるからです。

イメージしてください。夢の国のねずみさんや、ゆるキャラさんたちの姿を。外見は世界的に有名なねずみや、ご当地の威信をかけたオリジナルキャラクターですが、中にいるのは熟練のダンサーさんだったり、自治体の職員だったりします。でも、中の人の姿は見えません。だから私たちは中の人とキャラクターをフュージョンさせてしまいます。

同じように私たちも、猜疑心《さいぎしん》、固定観念、思い込み、自信のなさにとりつかれてしまいます。妖怪になってしまったマインドさんの着ぐるみと、すっかりフュージョンしてしまっている状態です。

その着ぐるみを脱ぐのが、脱フュージョンなのです。

こんな考えにフュージョンされることがある？

子どもが今日も学校で友達とけんかしたと先生から連絡をもらった。ついカッとなって子どもをどなりつけてしまった。子どもが乱暴なのは私のせい。

私は母親失格だ

今日はプレゼンのある日。この前は緊張して恥をかいてしまった。また同じことが起こる気がする。不安で資料の準備に集中できない。**ああ、きっとまた失敗するんだ**

娘が結婚相手として紹介した男性は外国人だった。信じられない。**育った文化も価値観も違う相手と結婚したって、幸せになれるはずがない。**
絶対反対だ

バッグの中に財布がない。今朝は入っていたはずなのに。もしかして**隣の席の人が盗んだ**のかもしれない。
やられた！

でも、その前にもっと大事なことがあります。それは自分が着ぐるみを着ていることに気づくことです。実はここが難しいのです。「思考は、着ぐるみでしかない」「思考は、思考でしかない」。そう考えようとしても、マインドさんは「いやいや、なに言ってんのさ。私は私でしょ?」と主張します。「ACTなんてバカバカしいにもほどがある。着ぐるみってなによ、それ。くだらない」と言ってきます。その声を聞き流して、着ぐるみを脱ぐのってけっこう大変なのです。

だからこそ、ACTは脱フュージョンするためのエクササイズを用意しています。

93ページの例でいえば、「私は母親失格だ」と思ったら、語尾に「と考えている」とつけ加えてみてください。「私は母親失格だ、と考えている」です。それだけでいいんです。

ほんのわずかですが、思考との距離ができます。

ほかの例も同じです。「きっと失敗する」ではなく、「きっと失敗する、と自分は思っているんだなぁ」に変換するのです。「外国人と結婚したら娘は幸せになれない、と私は思い込んでいるんだ」と言ってみるのです。「財布を盗まれた、と私は考えた」です。

そのほかにも、脱フュージョンするためのエクササイズはたくさんあります。パート3で、ぜひチャレンジしてみてください。

そして着ぐるみを脱いだら、ちゃんと見てみてくださいね。それがどんな着ぐるみなのか、いつどんなときに自分をのっとり、自分にどんな影響を与えていたのか。その確認こそが、マインドさんと距離をとるために必要なことなのです。

2

アクセプタンス

不安や苦痛に居場所をつくってあげよう

POINT

- アクセプタンスとは、
戦ったり逃げたりせず、受け止めること。
- 受け止めはするけれど、
好きにならなくていいし、仲よくなる必要もない。
- アクセプタンスするためには
「拡張」というテクニックがある。

思考は追い払えない。だったら受け止めるしかない

アクセプタンスとは「受容する」「受け止める」という意味を持つ言葉です。

ここでは、つらい記憶や後悔や嫉妬や悩みや自己嫌悪といったマインドに対して、戦うことや逃げることや従うことをやめて、受け止めるという意味を持ちます。

「受容する？　そんなの無理です。そんな感情と四六時中いっしょにいるなんてできません！」と、思うかもしれません。

いいえ、四六時中いっしょにいなくていいのです。単に「そこにいていいよ。しゃべってもいいよ。でも注目しないよ」というスタンスでいる、ということです。

たとえばあなたの住む国が、川をはさんだお隣の国といがみ合っているとしましょう。うっかりするとドンパチの戦争になりそうな状況です。

隣国の人たちを追い出そうとすれば、戦争は避けられません。もしかしたら隣国から侵攻されて、あなたの国に被害が出るかもしれません。

では停戦交渉をしますか？　お互いの領土はここまでだと決め、条約を結び、今後は仲よく貿易なんかしちゃいますか？　いいえ、うまくいけばいいけれど、そうとも限りません。時間だってかかることでしょう。

最良の決断は何かというと、「何もしない」という平和構築です。

それぞれの政策も宗教も農作物の収穫量も気にせず、特に仲よくすることもせず、貿易もせず、自国の発展だけを考えるということです。隣国を好きになる必要もありませんし、領土を奪ったり与えたりもしません。ただ、そこにいることを受け止めるだけです。

それがアクセプタンスです。

アクセプタンスするための「場所」をあけてみましょう

ACTでいうところのアクセプタンスとは、不愉快な思考や感情に対し「場所をあけておく」「スペースを拡張する」というニュアンスが含まれています。え？　わかりにくい？

ではちょっと想像してみてください。

不愉快な感情、つらい記憶、避けられない現実の問題……。そういうものが心に浮かんできたとき、私たちはどんな状態になるでしょうか。

胸がキューーッと握りつぶされたようになりませんか？　血管が収縮して頭に血が上ったりしませんか？　緊張で手足がこわばったりもしますよね？　視野が狭くなり、周囲の人の気持ちや立場にも目が行かなくなります。

そう、狭くなっちゃうんです。小さくなっちゃうんです。全身のいろんな部分が。

アクセプタンスはその逆です。力を抜いて緩めるのです。スペースをつくるのです。拡張するのです。窓を開けるのです。風を送り込むのです。

そこで生まれたちょっとしたゆとりの空間を、不愉快な感情や、つらい記憶や、避けられない問題の置き場所にするのです。とりあえずおいておく。そんなイメージです。

収縮ではなく、拡張。緊張ではなくリラックス。そんなふうに自分を導くのがアクセプタンスです。

……めちゃくちゃ抽象的な表現なので、わかりにくいかもしれませんね。実際にそれがどういうものかは、パート3のエクササイズで実践してみてください。すぐにできるようになるわけではないので、何度も練習することをおすすめします。

「居場所」を与えると案外おとなしくなるのがマインドさん

「好ましくない感情や思考に居場所なんかつくってしまったら、好き放題にされちゃうんじゃないの？」と思うかもしれませんね。

でも、その心配は無用です。

先ほどからお話ししているように、戦えば戦うほどマインドさんも応戦してきます。その思考から離れられません。いつまでも終わらない綱引きのようなものです。

綱引きを終わらせるには、どうすればいいでしょう？　相手が自陣になだれ込むまで引っ張り続けるしか方法がないと思い込んでいませんか？　それこそフュージョンしている状態ですね。もっといい方法があります。綱から手を離すのです。パッ、とね。

マインドさんたちはそのまま後ろに倒れてしまうでしょう。座り込み、怒って文句を言います。壁にぶつかり、座り込み、怒って文句を言います。でもあなたは気にしなくていいんです。「ごめんね。でも疲れたから休憩。そこに座っててていいよ」と彼らに居場所を与え、マインドさんとのつまらない綱引きよりも、もっと価値のある何かをすればいいのです。

先ほどの「着ぐるみ」の例でいえば、脱いだ着ぐるみはたたんでおいておきましょう、ということです。着ぐるみを脱いだことで、あなたが座っている椅子には少し余裕が生まれたはずです。そこにたたんだ着ぐるみをおいておけばいいんです。

着ぐるみを丸めて燃えるゴミに出してしまえばもっと安心できるかもしれませんが、この着ぐるみは捨てても捨てても戻ってきてしまうんです。想像すると、ちょっとホラーっぽくて怖いですよね。

そんなことがないように、たたんでおくのです。着ぐるみを入れておけるカゴや箱を用意しておくのもいいでしょう。そこにしまうイメージです。

気づくと再び着ぐるみを着ていることがあるかもしれません。でもまた脱いでたたんでカゴに入れておく。それがアクセプタンスです。

3

観察する自己

マインドさんの言葉を観察しているあなたに気づく

POINT

- 脱フュージョンや
  アクセプタンスのために必要なもの。
- 「観察する自己」はあなたをずっと見ている。
- 思考にフックされたとき、
  それに気づくのが「観察する自己」。

あなたは、あなたが考える「あなた」ではない

ACTが目指すものは「しなやかな心」ですが、その対義語は「かたくななな心」になるでしょう。 心をかたくしている最大のものは、「私は○○な人間だ」という自己認識かもしれません。

私たちはさまざまな言葉で自分という人間をとらえています。「私は明るく元気」「私は人に親切だ」「臨機応変に行動できる」というようなプラスのイメージもあれば、「私は注意散漫でよくミスをする」「人見知りだから初対面の人とはうまく話せない」などのマイナスイメージもあります。「私はもう年だ」とか「こんな色の服は似合わない」というものもあります。イメージは多層構造になっていて、それが「私」を形成しています。これをACTでは「イメージ(概念)としての自己」といいます。

多くの人は、この「イメージとしての自己」を本当の自分だと信じています。「私は親切だ」という自己イメージは悪くありません。でもあなたは誰に対しても親切なわけではないし、親切にしたくない人もいるはずです。にもかかわらずイメージにしばられて、イヤなことを引き受けることがあるかもしれません。

「私は人見知りだ」という自己認識は、新しい世界への一歩を躊躇《ちゅうちょ》させるキーワードにな

りかねません。**「イメージとしての自己」は、知らず知らずのうちに心をかたくし、行動をしばるのです**。でもそれはただのイメージです。マインドさんの言葉でしかないのです。

あなたの中の「観察する自己」に気づけますか？

「イメージとしての自己」は、舞台の上の役者のようなものです。いろいろな役者が、いろいろな衣装で立ち、ときには「怖いよ」「逃げたいよ」と叫び、ときには「私はこんなことに負けはしない」とこぶしを握りしめます。あなたはその役者のどれが本当の自分なのかと考えます。恐れる私？　負けない私？　傍観している私？　それとも全部？

いいえ、どれもあなたではありません。役者の言葉はマインドさんの声であり、あなたではないのです。では、あなたそのものはどこにいるのでしょう。

たとえるなら、あなたは舞台そのものです。どんな役者が登場してどんな言葉を言ったとしても、あなたという舞台は変わりません。常に入れ代わり立ち代わり現れる役者たちを、舞台は冷静に観察しているのです。それが「観察する自己」です。

「観察する自己」は、ずっと変わりません。舞台の上にいろいろな役者が立ち、さまざまな大道具が設営され、今日は悲劇が、明日は喜劇が、ときには不条理劇が上演されます。でも舞台（＝観察する自己）は変わりません。「今日はこういう演目なのだ」「こういう役者が、こんなせりふを言っている」と冷静に観察するだけです。その「観察する自己」こそが、いつも変わらない「あなた」なのです。

自分の中に確かに存在する「観察する自己」に気づきましょう。そして「イメージとしての自己」を冷静に観察する習慣をつけましょう。そうすることで、かたくなになりがちな心を、やわらかくしていくことができるのです。

4

「今、この瞬間」

過去や未来ではなく、この時間・場所と接続する

POINT

- マインドさんは過去や未来を行き来する。でも大事なのは「今」。
- 過去は変わらない。変えられるのは「今」。
- 「今」どうするかで、未来は変わる。

マインドさんは多くの時間軸や世界線を生きる

心ここにあらず――そんな言葉がありますよね？

私たちは、今、目の前にいる人やものとまったく別なところにフックされていってしまうことがあります。それも、かなり頻繁に。

空にかかった大きな虹を見たとき、私たちは感動します。「観察する自己」はその色合いの美しさや色の絶妙な溶け合い方、空の色とのコントラスト、雨上がりの空気などを全身で感じ取ります。「今、目の前にある虹」に心が集中している状態です。

ところが、「思考する自己」（＝マインドさん）が前に出てくるとたちまち状況は一変します。「ヤバイヤバイ。すごい虹見ちゃった！　写真に撮ってSNSにあげなくちゃ。虹って、すぐに消えちゃうんだよね。ああ、手前のビルが邪魔だ。こっちから撮ろうか」

ということで、あっという間に虹の美しさは心から消えてしまいます。考えているのは「いいね」をもらえる撮影方法だけとなりました。また、こんなことも考えます。

「前に虹を見たのは新婚旅行で行ったハワイだったなぁ。あのとき私はまだ20代で、彼も私にやさしかった。あの日の虹は本当にきれいだった。もうあんな幸せな気持ちで虹を見ることはないかもしれない」

もう目の前の虹ではなく、ハワイで見た虹と自己憐憫《れんびん》に移行してしまいました。

マインドさんはタイムトラベラーのように、時間軸も世界線も移動します。そのたびに私たちはその思考にフックされ、気づけば別の場所に行ってしまっているのです。

物思いにふける、気持ちがそれる、ぼんやりする、気が散る……などの表現はすべて、マインドさんにフックされた状態のことをいうのです。

私たちの人生は、「今、この瞬間」にしか存在しない

私たちの人生を有意義なものにするためには、「今、この瞬間」とつながることが欠かせません。**過去への後悔や未来への不安にフックされたら、すぐにそのことに気づき、フックをはずして「今、この瞬間」に戻ってこなくてはいけないのです。**

なぜなら、私たちが生きているのは「今、この瞬間」だけだからです。それなのに別のことを考えていては、人生を半分しか生きていないのと同じことです。

それに、私たちは過去を変えることはできません。どんなに過ぎた日を悔いたところで、時間を戻すことは不可能です。同様に、未来を確定させることも不可能です。だからこそ不安に襲われるのですが、未来に影響を及ぼせるのは今をどう生きるかだけです。私たちが力を発揮できるのは、「今、この瞬間」だけなのです。

今をどう使うかは、個人の自由かもしれません。でも、未来を考えて思い悩むのも

「今」、過去を振り返って後悔するのも「今」です。それがあなたの人生にとって有意義なことでしょうか？ それよりも「今できること」そのものに集中することが大切なのではないでしょうか。

体の変化を観察することで「今」と接続できる

「今」に集中するためには練習が必要です。具体的なエクササイズはパート3に譲りますが、頼りになるのは体の感覚だということを覚えておいてください。

思考はあちこちに飛びますが、体は「今、この瞬間」を生きています。音を聞き、香りをかぎ、何かを見、何かに触れています。肺は呼吸し、心臓は鼓動し、血液は全身をめぐっています。

といっても、それらは常に一定ではありません。マインドさんのささやきのせいで心臓がバクバク動いたり、息が荒くなったり、手足が冷たくなったりします。それもまた「今、この瞬間」の変化なのです。

ここで「観察する自己」にご登場いただくとしましょう。マインドさんが過去や未来に心をフックしようとしていることに、すばやく気づいてもらいたいのです。そして**体が今、何を感じているのか、何が見えているか、何が聞こえているかを観察してもらいます。それこそが「今」だからです。**

「今」と接続すること、それこそがマインドの波にさらわれそうな船を港にとどめておくための「碇《いかり》」になってくれるのです。

ACTとマインドフルネスとの関係について

ここまで読んで「マインドフルネスみたいですね」と思った人もいるかもしれませんね。**マインドフルネスとは、**「マインドを何かでいっぱいにすること」ではありません。**今、この瞬間に起こっていることに集中する能力を高める心理療法の一つ**で、自分の思考を観察し、それを流していく瞑想エクササイズで知られています。グーグル社ではマインドフルネスを利用した研修プログラムを取り入れていますし、アップル社は社員が自由に使える瞑想ルームがあることで有名です。

ここまでの1～4のACTのキーワードは、マインドフルネスの手法を科学的に分析して取り入れています。

ただ、マインドフルネスは仏教に端を発したものですが、ＡＣＴは認知行動療法などの科学的な手法から誕生しています。ＡＣＴのエクササイズは修行ではありません。科学的に有益であることを検証したうえで実施されています。瞑想をすることが目的ではなく、脱フュージョンやアクセプタンスが目的です。そのための手法として瞑想することが有効であれば取り入れる、そのような立ち位置です。

そして**ＡＣＴにあってマインドフルネスにはないもの**があります。それがこれからお話しする⑤**価値に気づく**、⑥**有言実行**です。これこそがＡＣＴのＡＣＴたるゆえんであることを先にお伝えしておきたいと思います。

5

価値に気づく

自分にとって本当に大事なものとは？

POINT

- 価値とは、人生の中で輝く北極星のようなもの。
- 価値に導かれた人生は
  豊かで実り多いものになる。
- 自分なりの価値を見つけることがいちばん大事。

あなたはなんのために生きているのですか？

人生の意味とはなんだろう。人はなんのために生まれてきたのだろう。そもそも、私はいったいなんのために生きているのだろうか。

これらの質問に、はっきりと答えを出せている人はいるでしょうか。もしその答えを持っているとするならば、それがあなたの「価値」です。

価値とは、私たちの心の奥底に存在するものです。

人や社会、世界に対してどうふるまいたいかという願望です。

人生において何を体現したいのか、どんな行動をとりたいのか、どんな人間でありたいのか、どんな強さを持っていたいのか、その姿勢です。

価値とはゴールではありません。目標でもありません。進むべき方向をいいます。

シンデレラは王子様と結婚して幸せになりました——誰もが知るこの物語のゴールは、王子様との結婚です。でもシンデレラの人生はそのあとも続くのです。

貧しい出自のシンデレラは、王宮での生活に慣れることができるでしょうか。王子様がいくら愛してくれても、それ以外の人は意地悪かもしれません。

シンデレラのマインドはささやきます。「分不相応な結婚では幸せになれない。魔法の

力を借りて無茶しなきゃよかった」とか「どんなにマナーレッスンを受けたって、結局大恥をかいてしまうに違いない」「お金だけもらって逃げちゃおう」と言うかもしれません。

でもシンデレラは賢いですから、「それは有益な考えではない」と気づいて脱フュージョンし、アクセプタンスします。そして今、自分がすべきことを考えるはずです。

ここで大事なのが「価値」です。シンデレラは考えました。私は妃《きさき》として王子の仕事をサポートし、この国から自分のような貧しい子どもを減らしたい。どんな出自であっても女性でも、自由に生きられるような社会にしたい。そう、それこそが「ゴールしたあとのシンデレラ」が心に抱く「価値」なのです。……あ、全部妄想ですけどね。

価値は目的じゃない。価値に「達成」はない

価値は、継続的な行動です。「愛情深く生きる」「公平で誠実な人でありたい」「常にベストを尽くしていたい」というような、やや抽象的な言葉が、あなたの価値を決めるキー

ワードになるでしょう。

たとえば「積極的に学び続ける人生でありたい」という価値を持っている若者が、短期的な目標として「東大に入る」と決めたとします。東大はあくまで目標なので、もし合格できなかったとしても、その価値が揺らぐことはありません。マインドさんが「あんなに勉強したのに落ちた自分はダメな人間だ。ここまでの努力は全部ムダだ」「別の大学に行ったってきっとつまらないよ」などとささやいても、価値が明確でさえあればその思考にフックされて自暴自棄になることはありません。

価値は方向を明確に指し示す羅針盤のようなものです。東西南北を教えてくれる人生のコンパスです。

あるいは暗い空に輝く北極星です。ときに嵐にもまれて海図もコンパスも失ったとしても、北極星さえ確認することができれば、進むべき方向を見失うことはありません。

そして、どんなに船を進めても北極星にたどり着くことはありません。私たちはその価値に向かって一生進んでいきます。終わりがないからこそ、価値があるのです。

あなたの価値はどこにある？ 人生の4つの領域から考える

「自分がもち続けたい価値とは何か」を考えるとき、人生で重要な4つの領域から切り取っていくと考えやすいかもしれません。それは、①人間関係、②仕事や勉強、③個人的な成長や健康、④余暇の4つです。以下にいくつか質問を用意しましたので、価値を見つけるヒントにしてほしいと思います。

なお、価値の主語はすべて「私」です。「私は○○でありたい」「私は○○のようにふるまいたい」ということです。コントロールできるのはたった一つ、自分の行動だけだからです。

①人間関係

パートナーや子どもや親、友達や職場の仲間、知っている人や知らない人との関係も含めて、あなたはどんな人間関係を築きたいですか？　どんなふうにふるまいたいでしょうか？　もし自分が理想的な存在だったとしたら、誰とどんなふうに接したいでしょう？そして誰と、どんな行動をいっしょにしたいでしょう？

②仕事や勉強について

職場や学校で自分のどんな能力を発揮したいですか？　職場の仲間とどのような関係を築きたいですか？　理想の自分になれたら、職場や学校でどんなふうにふるまいたいでしょうか？　どのような学び、どのようなスキルを身につけたいですか？

③個人的な成長や健康

あなたは仕事以外に、どんな活動を始めたい（再開したい）ですか？　どんな人たちとどんな目的で活動したいですか？ 自分のライフスタイルをどのように整えていきたいと思っていますか？ 年齢を重ねたときにどんな自分でいたいですか？

④余暇

どんな趣味やスポーツ、レジャーに参加したいですか？ どんな方法で自分をリラックスさせたり、楽しませたりしたいですか？ 誰と、どんな時間を過ごしていきたいですか？

以上の4つの領域ごとに考えてみると、自分の「価値」が見つけやすくなるかもしれません。ほかにも「価値」を見つけるためのエクササイズがパート4にありますので、ぜひやってみてください。

6

有言実行

考えるだけじゃダメ。
価値に向かってACTする（行動）！

POINT

- 価値にコミットした行動をとれることがACTのゴール。
- 小さな目標を立ててクリアしていこう。
- 「死者が得意なこと」を目標にしないことが大事。

ACTの本質はACTION（行動）することにあり！

最後に最も大事なことをお伝えします。それは実行することです。

どんなに脱フュージョンやアクセプタンスが上手になっても、実際の行動が変わらなければACTは成功したとはいえないでしょう。価値を見いだし、価値にコミットした行動をとっていくことこそがACTの本質なのです。

先ほど「価値は目的じゃない」と言いました。でも、価値をしっかり見いだすことができたなら目標を設定してほしいのです。**大きな目標だけでなく、毎日できる小さな目標を設定することも必要**です。そのためのステップを紹介しましょう。

ステップ① 価値を紙に書き出しましょう

最初の大事なアクションは、自分の考える「価値」を紙に書き出してみることです。たとえばあなたの価値が、「家族に対して愛情豊かでいたい。家族の幸せを支える存在であ

りたい」であるなら、それを書いてみることです。書くことはとても大事で、自分の心の中に刻みつけることになるはずです。

ステップ②　小さくて簡単な目標を立てましょう

今すぐできるいちばん簡単な目標を決めましょう。最初のステップはできるだけ小さいもののほうがいいですね。たとえば「明日の朝、夫に笑顔でおはようと言う」や「寝る前に子どもに絵本を読む」くらいのものにしておきましょう。価値が「健康」であるなら「水泳キャップと水着を買いに行く」というのもいいですね。

ステップ③　短期的な目標を立てましょう

この先、1週間〜1カ月くらい続けられる目標を立ててみましょう。ステップ②の目標を継続させることでもいいかもしれません。たとえば「わが子のいいところを一日1回伝える」とか、「週末になったらプールで泳いでみる」というのもあるでしょう。

ステップ④　中期的な目標を立てましょう

自分の価値を実現するために、数カ月〜1年くらいかけてできることはなんでしょうか。「仕事が忙しくてなかなか家族で夕飯を食べられない。上司と相談し、仕事の割り振りを見直す」とか、「運動不足が気になるので、毎朝30分早く起きて隣の駅まで歩く」などがそれに当たるかもしれません。

ステップ⑤　長期的な目標を立てましょう

今後数年間に達成すべき目標について考えてみましょう。子育てであれば受験や独立を見越して考えてみることも必要でしょう。仕事のキャリアであれば転職やスキルアップを意識した作戦を立てるのもいいと思います。余暇であれば「水泳のマスターズの大会を目指す」「ジャズピアノを習い、還暦の誕生日にライブをする」というのもありでしょう。

まず長期的な目標を立てて、そこから小さな目標に落とし込んでいくほうがやりやすいと思うのであれば、ステップ②〜⑤の順番を逆にしてもいいでしょう。

「死者のほうが得意なこと」は目標にしないこと

目標はどんなことでもいいのですが、一つだけ大事なことがあります。それは死者のほうが得意なことを目標にしない、ということです。

たとえば、「家族に愛情を注ぎたい。でも子どもを叱ってばかり。もう叱らないようにしたいんです」というもの。「子どもを叱らない」というのは、死者のほうが得意ですよね。死者は何も言えませんから。でも、子どもを叱らないために何をしたらいいのか具体的に考えるのであれば、あなたのほうが得意なはずです。

「子どもが片づけをしないことで叱っているのだから、物の置き場所を考え直そう」とか「一日1回ほめてみよう。そのためにわが子のいいところに気づいたらメモしておこう」など、思いつくのではないでしょうか。

同じように「たばこを吸わない」は死者のほうが得意ですが、「食後にたばこを吸いがちだから、食事が終わったら外を散歩して新鮮な空気を吸う」ならあなたのほうが得意です。「不安を感じないようにする」は死者のほうが得意ですが、「不安を感じたら深呼吸して、体の状態を観察する」のはあなたのほうが得意です。

今とつながることで人生を豊かにしていく

マインドさんの声に気持ちをフックされることなく、「今、この瞬間」とつながることも、日々実行していってほしいと思います。それはきっと、あなたの価値とも密接に結びついているはずです。

朝起きたら、ゆっくりと呼吸してみてください。お水を飲むときに、その味や温度や香りを感じ取ってください。体の中を流れていく水の動きに注目してみてください。

旅先で美しい花や見事な建造物、自然がつくり出した見事な風景に出合ったときには、写真を撮るのは少し待ちましょう。自分の目で見て音を聞いて、手でふれてみてください。あなたの心はどんなふうに動いたかを自覚しましょう。

何かを食べるとき、テレビを消してしっかりと味わってみてください。舌の感触や鼻に抜ける香りを堪能しましょう。

わが子の話を集中して聞いてあげてください。パートナーの体にふれて、そのぬくもりを感じてみてください。老いた親の歩幅に合わせて歩いてみてください。そばにいる人といっしょの時間を、その人のためだけに使ってみてください。

そんな瞬間にも、あなたのマインドさんはいろんなことを言ってくるでしょう。まったく別の感情に襲われて、遠くにフックされることもあるかもしれません。

でも、恐れなくていいんです。「自分は今、フックされている」と気づき、心に少しスペースを設けて思考や感情をそこにおき、再び目の前のことに集中するのです。

「私が今、大切にしなくちゃいけないことはなんだっけ？」と自分に問い、その価値に沿うように行動するのです。

ＡＣＴは行動（Ａｃｔｉｏｎ）の最初の3文字でもあるということを、どうぞ忘れないでください。

ACTって何？
よくわからない人
のための
代表質問！

2 ACTの言葉は難しすぎる？

コンさん、またもや暗い顔をしているように見えますが……私の思い過ごしですか？

しまった。また顔に出ちゃいました？　実をいうと、私のマインドさんがこう言っているんです。「ACTで使われる言葉が難しすぎて、読者はついてこられないんじゃない？」って。マインドさんだけでなく、編集長もそう考えているみたいなんです〜。

うーん、確かに難しいですよね。それはACTの課題なんです。そもそもACTの正式名は「アクセプタンス&コミットメント・セラピー」なんですが、これだって、覚えにくいですよね。

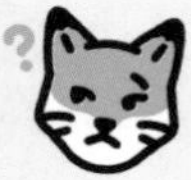

そうそう。「脱フュージョン」だって「観察する自己」だって難しいです。哲学の

本なのかな？って思う人もいるかもしれませんよ。どうしましょう！

私も何かわかりやすい言葉で代用しようかと思ったんですが……いい言葉がないんですよ（汗）。

そうなんですね。わざわざ難しい言葉を使って「なんか効果がありそう」と思わせる手法なのかと思ってました。

そんなわけはありません。わかりやすい日本語があればそのほうがいいんです。でもなかなかフィットしないし、さらにわかりにくくなるという結果になったので、やめました。だって「ソーシャル・ディスタンス」も「ダイバーシティ」も「SDGs」も、みなさん気づけば自然に使ってるじゃないですか。日本人の受容能力はすばらしいので、ACTの難しい用語にも慣れていただけると、うれしいです！

（えー？と思いつつ）わかりました。では用語は難しいままでいいんです。いいんですけど、言葉が難しいせいで読者が読み進められなかったらどうしましょう？

じゃあ、読み飛ばしちゃってください！

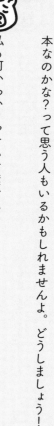

え？　読み飛ばしちゃっていいんですか？

はい。パート2を飛ばしてパート3のエクササイズに行っちゃってください。やってみて迷うことがあれば、パート2に戻ってくればいいんです。ＡＣＴは実践が大事です。

じゃあ、もうやってみちゃうってことですね？

やってみちゃいましょう。その結果、頭の中に浮かぶ思考や映像や言葉と「私」との距離をとることができればＯＫってことです。「言葉は単なる言葉だ」「私の心配事は、単に私が思っていることなんだ」と考えることができれば、それでいいんです。

それが「脱フュージョン」で「アクセプタンス」ってことですね？

そうです。それは「観察する自己」の存在のおかげだし、「今、この瞬間」とつながり、「価値」に向かって「有言実行」していけばいいってことです。

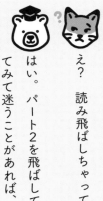

あーー、なんかわかったような、わからないような……、でもちょっとわかった気がします。

それそれ、その感じですよ！　理屈をこねて理解するのもマインドさんのすごい能力なんですけど、そこに頼りすぎないほうがいいと思うんです。ことACTに関しては。エクササイズをやってみて「なんとなくわかった気がする」と思うことが大事です。

用語を一つ一つ理解することにはこだわらない、と？

そうです。用語そのものにフュージョンしてしまっては、「ミイラとりがミイラになって」しまうのと同じですから。

話は変わりますが、そもそもACTは何に効くセラピーなんですか？

うつ病やストレス対策としての効果はもちろんなんですが、慢性疼痛へのエビデンスも多くあるんです。

慢性疼痛って、薬や治療でもなかなか効果がない長く続く痛みですよね？　そういう体の症状にも効果があるんですか？

痛みというのも、実はマインドさんの影響が大きいんです。

人は「痛い」と感じると、「痛いのはイヤ」「痛みから逃げたい」と考えます。すると逆に痛みを探して拾い上げてしまうんです。

でも、痛みを「脇において」、自分にとって価値のあることを始めると、痛みに囚《とら》われない瞬間が増えてくることがわかっています。

ＡＣＴっていろいろなジャンルで応用できる心理療法なんですね。

そうなんです。ＡＣＴを知っておくと、心身の不調になにかと役立つことが多いですね。便利なアプリみたいな（笑）。

確かに私もＡＣＴを知るようになって、少しずつ肩の力がうまく抜けるようになりました。ちょっと苦手な方と話すときにも、自分が今フュージョンしていることに気づけるようになりました。

いいですね！ 日常の中に少しずつエクササイズを取り入れてくださいね。

PART 3

心のフックをはずす7つのエクササイズ

ACTの本質は理論よりも実践にあり。ACTは「やる」か「やらない」かなのです

ACTは行動に移してこそ、意味のあるセラピー

ここまで読んで、「なんとなくACTが目指しているものがわかってきたかもしれないなぁ」と思えるようになっていれば幸いです。え？　まだちょっと腑に落ちない部分がある？　それも当然といえば当然です。

実をいえば、ACTの本質は理論ではありません。実践なのです。行動をアクション（ACTion）といいますね。そう、まさにACTです。

初めて水泳を習ったときのことを思い出してください。教室で「クロールのときの手の動かし方はこうですよ」「バタ足のときにはひざを曲げないでね」なんて教わっても、ピンとこなかったはずです。泳ぐためには、水の中に入らなくてはいけません。顔を水につけて、手足の力を抜いて水に浮かんでみる。それが水泳の始まりです。水の中で動きたかったら手を動かし、バタ足をする必要があります。そのときになってようやく、教室で習ったことの意味が理解できるようになるのです。

ACTも同じです。けっして頭だけで理解しようとしないでください。いくら本を読んでも、水泳がうまくならないのと同じように、**やってみなければACTの効果は実感できないのです。**

パート3とパート4で合計10のテーマのエクササイズを紹介しています。パート3は89ページの六角形の図の①～④を主に実践します。パート4では⑤と⑥が中心です。気軽に取り組んでみてください。

エクササイズはいつやる？ いつでもOK。できれば毎日

パート3では、頭の中にぐるぐるとめぐっている思考や「私は〇〇だから」という固定観念、怒りや不満や不安などの感情にフックされていることに気づき、フックをはずして安全な場所にしっかりと着地するためのエクササイズを7つ紹介していきます。

まずは一とおり試してみてください。本を読みながら一人で進めるのは簡単ではありませんから、「なんだかうまくいかないなぁ」と思ったり、「やってもあまり効果がない」と

感じたりするかもしれません。でも最初のうちは当たり前のことです。ＡＣＴのエクササイズにはわかりやすい評価や達成目標があるわけではありませんから、うまくいっているのかどうかが実感しにくいのです。それでも続けているうちにコツがわかり、「ああ、そういうことか。これでいいのだ」とわかってくると思います。

「エクササイズはいつやったらいいですか？」「週何回くらいが目安ですか？」と質問されることがありますが、答えは「いつでも！　何回でも！」です。

特にエクササイズ1（136ページ）は、毎日やってほしいですね。「観察する自己」に気づくことができる簡単な方法だからです。

そして「あ、またこの考えに囚《とら》われている」と気づいたときには、エクササイズ2〜4をやってみてください。それを繰り返すうちに、自分がどうすれば脱フュージョンしやすいのか、アクセプタンスとはどういうことなのか、体で感じ取れるようになってくるのではないかと思います。

「そんなことしたってうまくいかないよ」「なんだかめんどくさい」と思うかもしれません。わかります。でもね、それもマインドさんのささやきなのです。あなたが一歩前に踏み出すことに「待った」をかけるマインドさんの常套《じょうとう》手段だということを忘れないでください。

最初はうまくいかないものです。水泳だってスケートだって、自転車の補助輪はずしだってそうです。続けていくうちに少しずつコツがわかってきて、ある日突然「もしかして、できるようになっている？」と気づくものなのです。

まずは試してみましょう。そしてそのとき、自分の気持ちがどのように変わるのかをつぶさに観察してください。**心の動き、感情の揺れ、思考の変化……そういうものを離れたところから見ていくことこそが、ACTを使いこなす最初の一歩になるのです。**

エクササイズ

1

マインドさんのささやきを聴く

まずは自分のマインドの声を聞き取ってみましょう

私たちにとって、思考することはあまりにも日常的です。そのせいで、思考しているかどうかも自覚しないまま、思考とフュージョンしてしまうのです。

まずは自分の思考を「観察」してみましょう。橋の上に立って、流れる川をただ見下ろしているイメージです。川にはいろいろな思考が流れてきますが、それを追いかけることはせず、ずっと川の水面を見つめているようにしてください。どうしても流すことができず、しばらく考え続けてしまう思考があるかもしれません。それについては、エクササイズ2〜4で対策を紹介します。まずは5〜10分間、自分の思考を「観察」し続けましょう。レッツ・トライ！

1 5分間、目をつぶって座ってみましょう

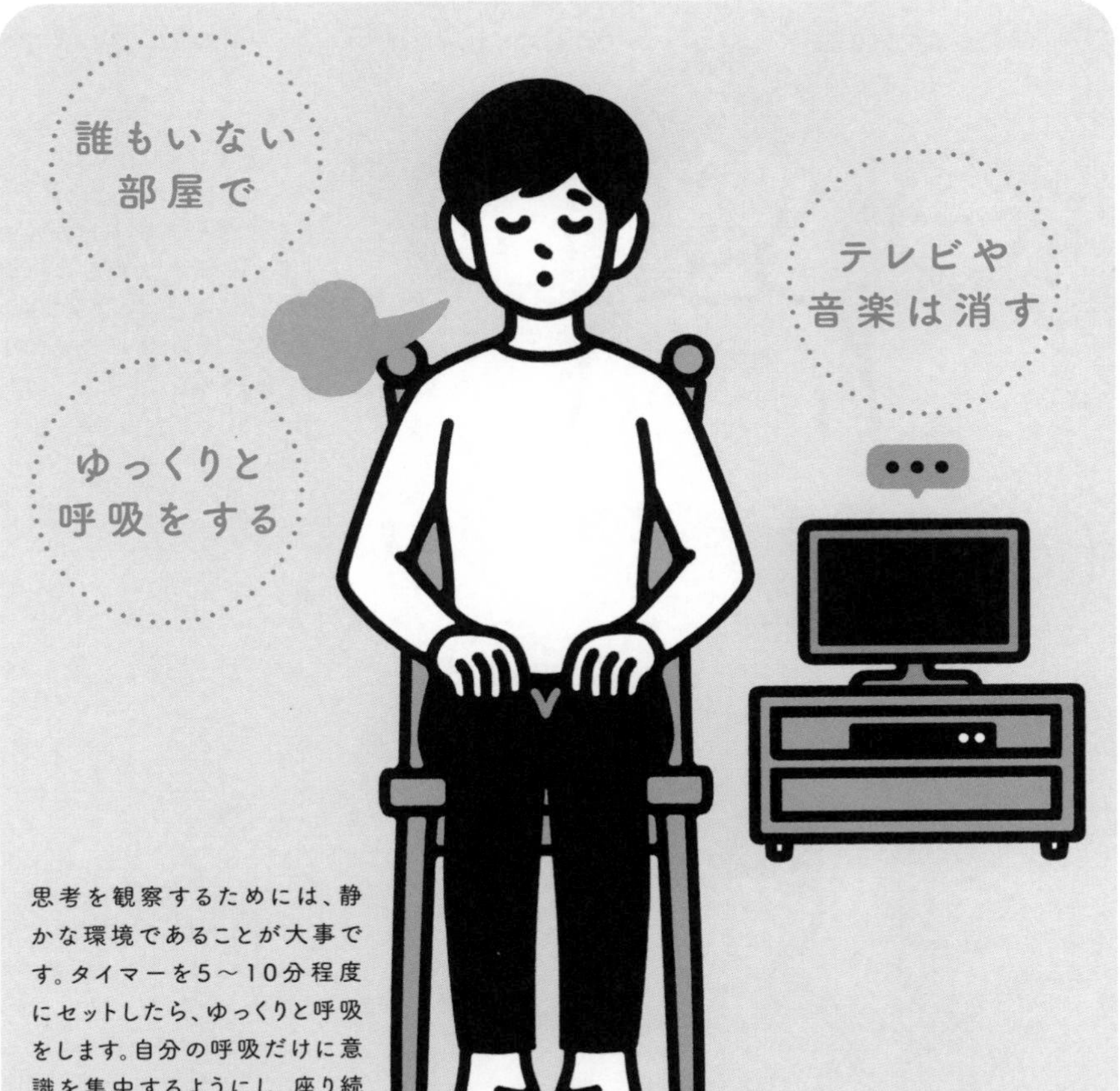
誰もいない部屋で
テレビや音楽は消す
ゆっくりと呼吸をする

思考を観察するためには、静かな環境であることが大事です。タイマーを5〜10分程度にセットしたら、ゆっくりと呼吸をします。自分の呼吸だけに意識を集中するようにし、座り続けましょう。

2 頭に浮かぶ言葉や思考があるはずです

夕飯は
何にしようかな
トイレットペーパー
買わなくちゃ

何も考えないようにしようと思っても、頭の中にはさまざまな思考や言葉が浮かんでくるものです。それらは川面を流れる葉っぱのようなもの。「こういう思考が流れてきた」と眺めるだけにし、囚《とら》われないことが大切です。

3 言葉や思考に囚われず、呼吸に集中しましょう

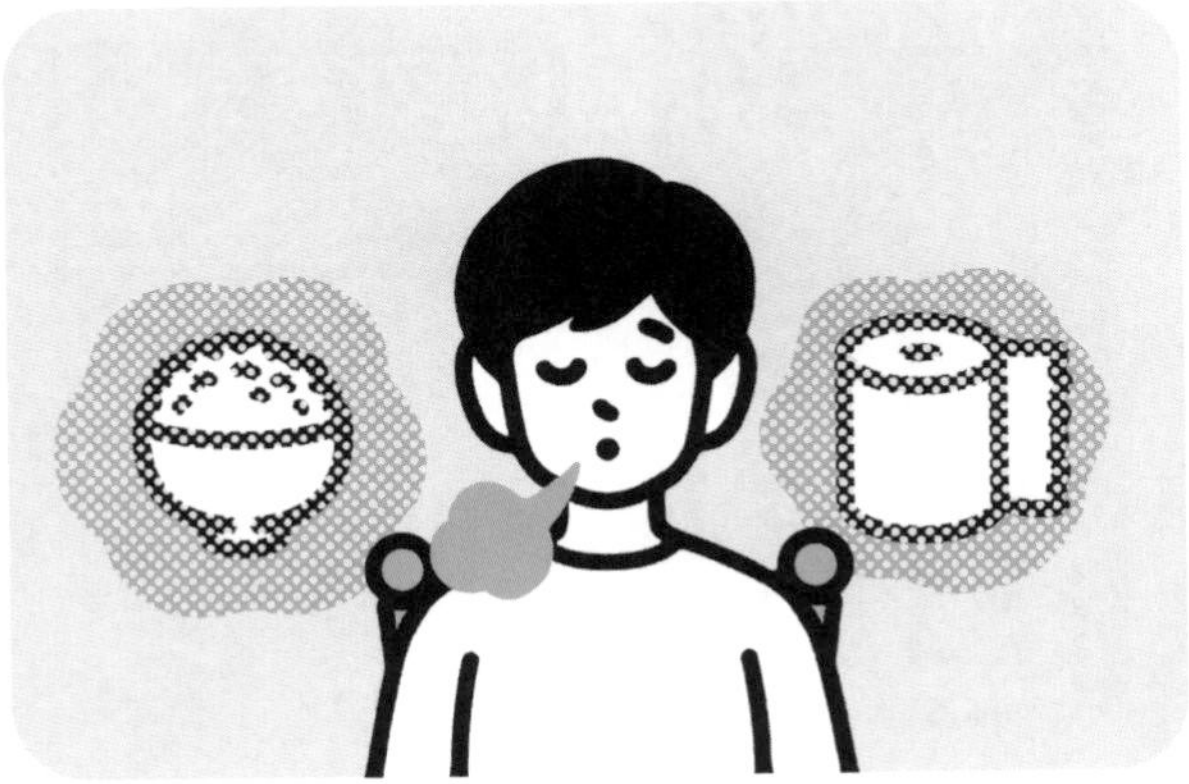

何か一つの思考に囚われそうになったら、意識を呼吸に戻します。ゆっくりと息を吐き、またゆっくりと息を吸います。ここでは「思考に囚われてしまった」と気づき、そのつど呼吸に集中することを繰り返していきましょう。

POINT

「思考に飲み込まれていた!」と気づくことが大切です

思考に囚われたら呼吸に意識を戻そう

いかがですか? 「何も考えないようにしよう」といくら思っても、考えないでいられるほど私たちの思考は甘くないのです。**思考を止めることはできませんが、その思考に囚われないでいることは可能です。**思考は川の流れのように移っていくものだからです。「トイレットペーパー買わなくちゃ」という思考を流しきれず、「そうだ、〇〇スーパーでは安売りだった。早く行かなくちゃ。エクササイズはもうオシマイにしちゃってもいいかな?」とソワソワしてしまったら、思考に囚われている証拠。気づいたところで、意識を呼吸に戻しましょう。エクササイズ2は思考を流すための効果的な方法ですのでそれも参考に。

- 頭の中に浮かぶ思考や映像はどんなもの?
- その中にどうしても流せないものはあった?
- 頭に浮かんだ思考をメモしてみよう。囚われてしまった思考は、できるだけ詳細をメモしておこう。

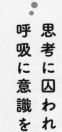

エクササイズ

2

「今、ここ」とつながる

思考に囚《とら》われないためには体と「接続」することが大事

マインドさんのささやき（頭に浮かぶ思考や感情やイメージ）はあなたをフックし、過去や未来やここではないどこかに連れていってしまいます。フックをはずすためにできることは、「今、ここ」と接続することです。

「今、ここ」とは何かというと、自分の体や今いる場所のことです。自分の呼吸、手足、周囲にあるもの、聞こえる音、におい。そういうものに意識を向けて集中することで、「今、ここ」と接続できるのです。「今、ここ」に戻らなければ、「今、私はこういう思考に囚われていた」と気づくことはできません。

次のページから「今、ここ」に戻ってくるためのエクササイズを4つ紹介しますので、ぜひやってみてください。

呼吸エクササイズ しっかり息を吐き、自然に息を吸いましょう

① 肺に入っている空気を全部出す

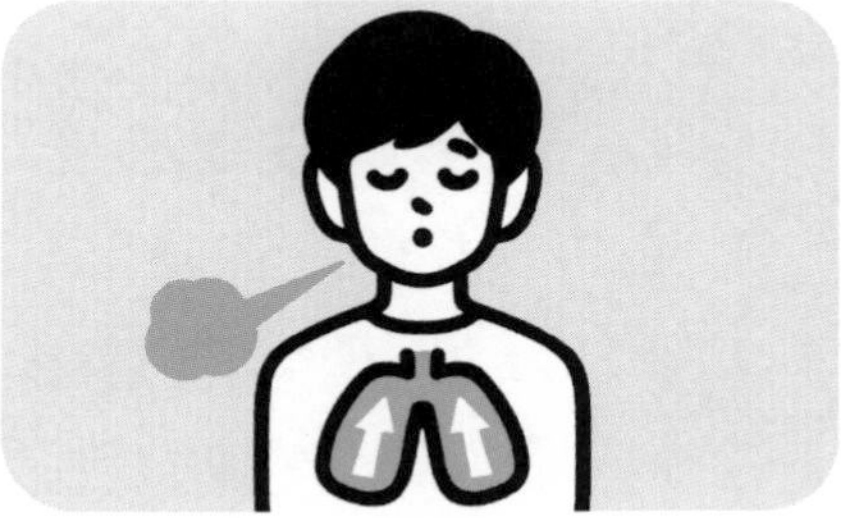

② 最後の最後の息まで出してしまう

③ 肺が空気を取り込むのを観察する

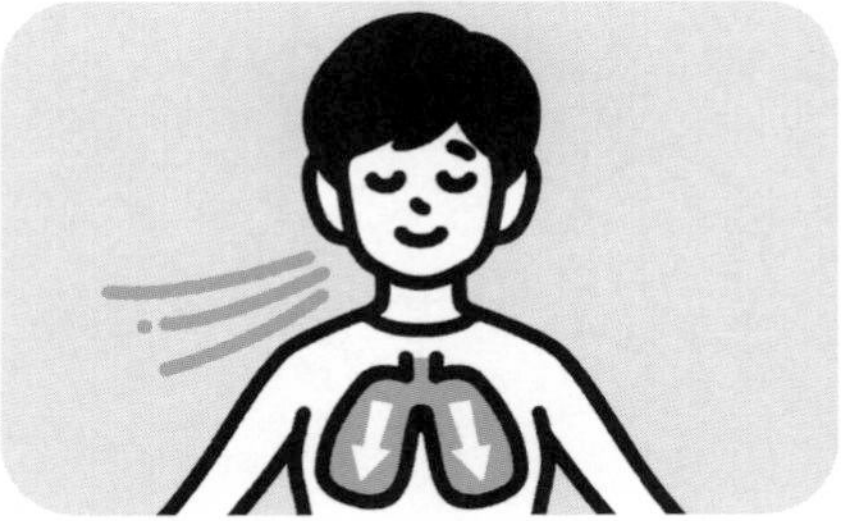

呼吸に集中することで思考を流します。息を全部吐ききれば、自然に肺に息が入ってきます。まるで初めて地上で呼吸した人魚のように、自分の肺の動きを観察してみましょう。

全身スキャン　自分の体を確認しましょう

① 頭からつま先まで、全身に意識を向ける

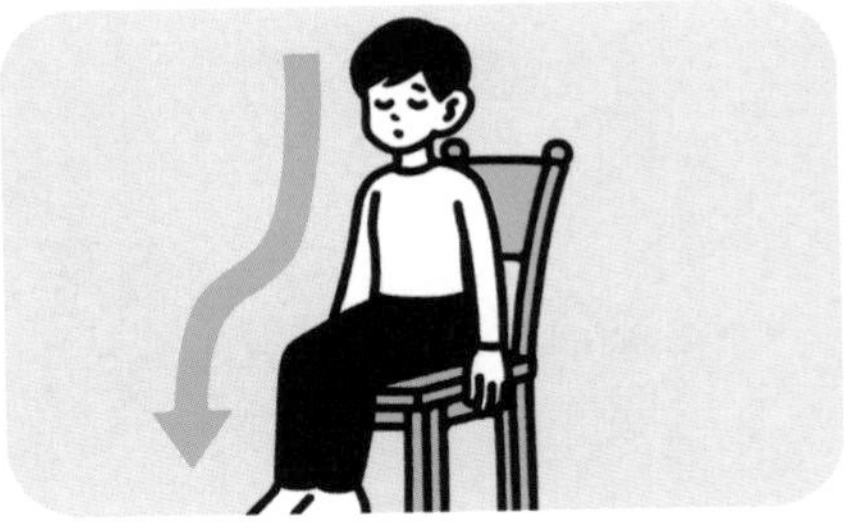

② 足のうらを地面に押しつける

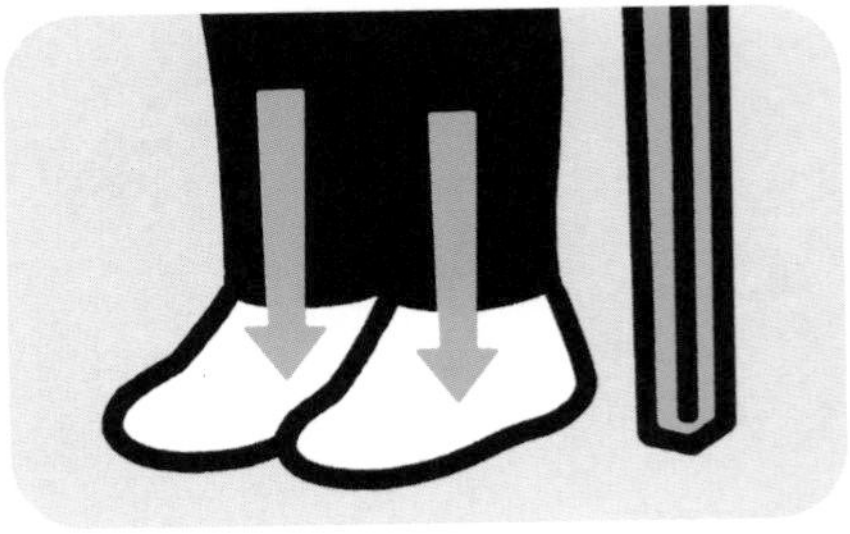

③ 手のひらを押し合わせる

自分の体をスキャンするようにして、頭のてっぺんから足の先までを確認していきましょう。難しければ足のうらを床に押しつけたり、手を合わせたりして、「自分の体はここにいる」と実感しましょう。

場所とつながる　見えるもの、聞こえる音に集中

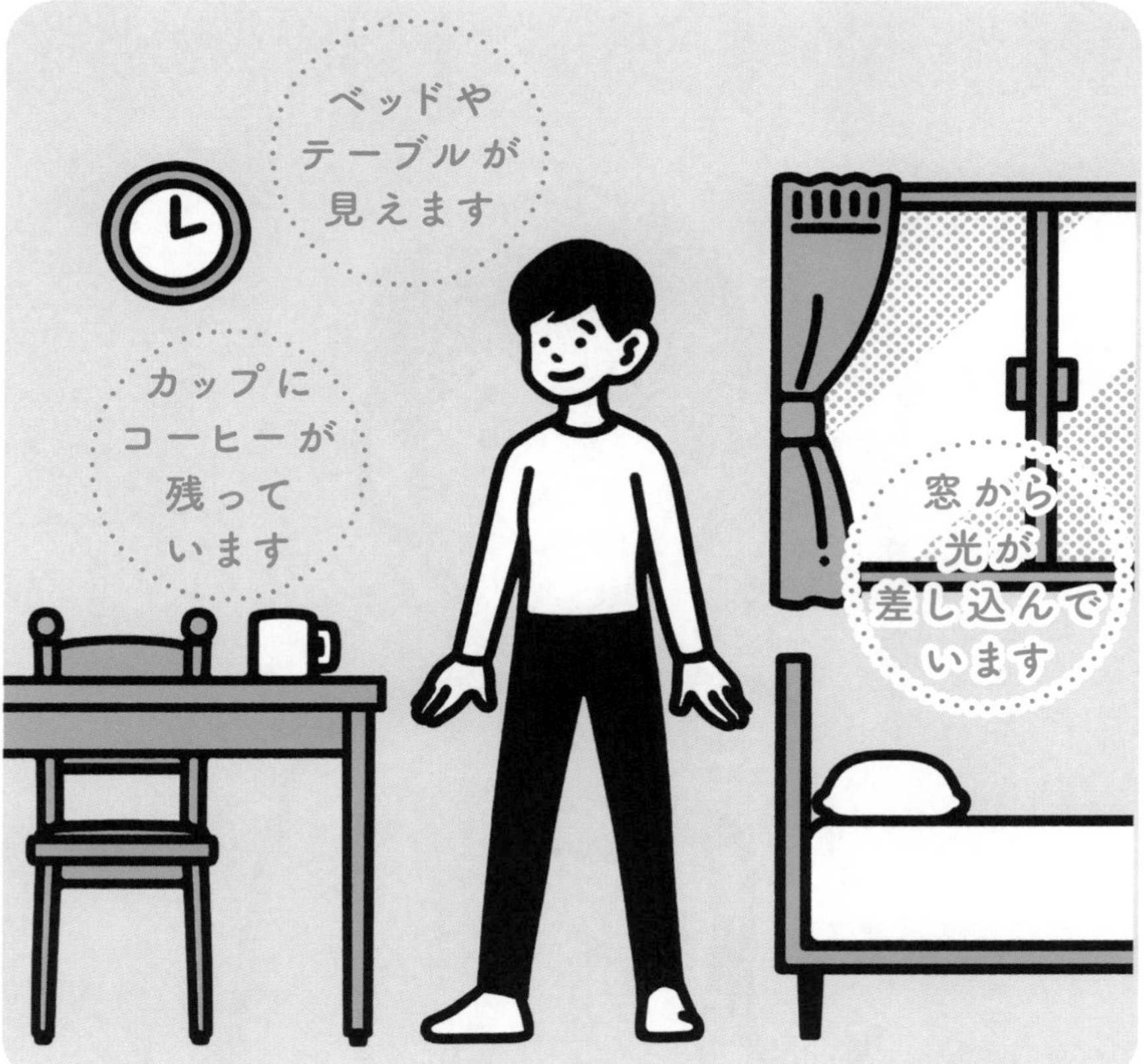
ベッドや
テーブルが
見えます
カップに
コーヒーが
残って
います
窓から
光が
差し込んで
います

目をあけて、今、自分がどこにいるかを確認しましょう。目に見えたものがどんな状態なのかを一つ一つ確認していくことが大切です。「見えるもの」だけでなく、どんな音がするのか、どんなにおいがするのか、などでもOKです。

五感とつながる　何かを味わってみましょう

よい香りがする
少しほろ苦い
あたたかい
のどごしがいい

お茶やコーヒーを丁寧に味わいながら飲む。チョコレート1粒を口の中でゆっくりと溶かして食べる。そんなふうに、時間をかけて味わってみましょう。

POINT

好奇心を持って、1つのことに集中を！

意識がそれたら再び集中！何度でも繰り返す

このエクササイズをしている最中にも、マインドさんはあなたに話しかけ、エクササイズから引き離そうとするはずです。それをやめさせることはできませんが、「また来たな」と気づき、意識を呼吸や体に戻すことは可能です。すべての意識を呼吸に向けるために、肺だけでなく、「息を吐くとおなかがへこむ」「胸や肩もいっしょに動く」など、体のさまざまな部分に目を向けながら呼吸を続けましょう。音を聞き、においをかぎ、何かに触れましょう。

1000回フックされても、1000回フックをはずせばいいのです。**練習すればするほど上手になりますよ。**

- エクササイズの途中でも思考はあなたを邪魔する。
- 1000回フックされても1000回フックをはずせばいい。
- 呼吸、体、周囲の音や物やにおいや味は、あなたを「今、ここ」とつなげてくれる。

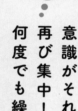

エクササイズ 3

「妖怪マインド」の正体を見る

あなたの心に居座っている思考や感情はなんですか？

どんなに「今、ここ」とつながろうとしても、何度も繰り返しフックしてくる思考や映像があるかもしれません。それはあなたを苦しめ、怒りや悲しみといった強い感情を湧き立たせるものです。そこに囚《とら》われ、ほかのことが考えられなくなるようなマインドです。

そういう思考をここでは**「妖怪マインド」**と呼びましょう。あなたはその妖怪にフックされ、気づかないうちにその着ぐるみを着込んでしまっているのです。

それと戦う必要はありません。追い出す必要もありません。**着ぐるみを脱いでその姿を確認し、名前をつけるだけで十分。**そうすることで「これはマインドであって自分ではない」と気づくきっかけになるのです。

1 「妖怪マインド」はどんなもの？ 言葉？　映像？　音声？

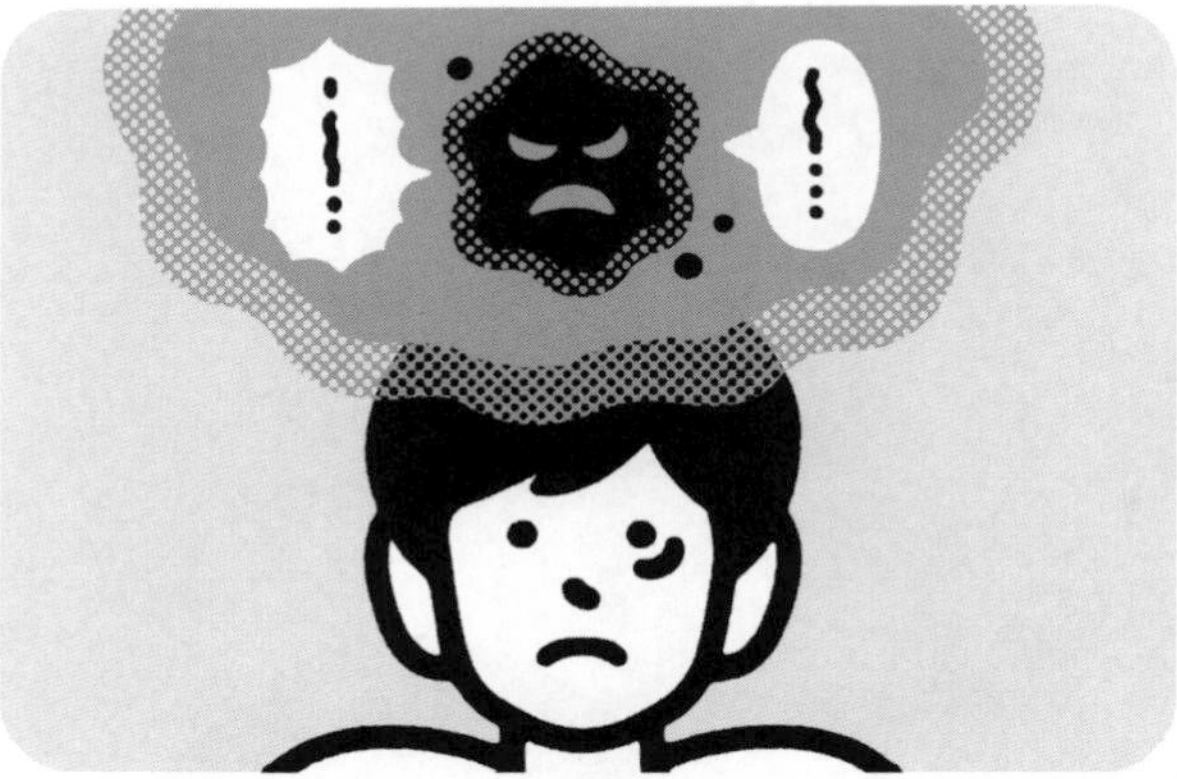

エクササイズ1をしているとき、あるいは普段何かをしているとき、あなたの思考を支配してしまうマインドはどんなものでしょう。それは言葉か映像か音声か、大きい音か小さい音か、色はどんな色なのでしょう。

2 具体的に紙に書いてみましょう

「あなたは本当に何をやってもダメね！」と言う母の声が聞こえる

その思考をよく観察してみてください。浮かんでくる具体的な声や言葉、エピソードなどをノートに書いていきましょう。映像であれば浮かんできたものを描いてみてください。

③「妖怪マインド」に名前をつけましょう

その思考に名前をつけてください。名前があると、次にその思考が表れたときに「あ、〇〇がやってきた」と思えるので思考にフュージョンされにくくなるのです。名前は単純に「苦痛」「ネガティブ思考」「あの記憶」などでも大丈夫です。

POINT

不快な気持ちが残っていても問題ありません

脱フュージョンを何度も繰り返して「妖怪」を切り離す

これは自分をフックする感情の存在に気づき、洗い出し、それを客観的に見つめるエクササイズです。その過程はつらいことも多く、言葉や絵にする精神的な負担感もあります。「やってみたけど気持ちは軽くならない」「つらい気持ちがよみがえった」ということもあるでしょう。**「脱フュージョン」は不安や不快感を消すためのエクササイズではなく、あくまで役に立たない思考や感情と自分を切り離す作業**なのです。

それでもエクササイズを続けるうちに、「妖怪」がどんなに悪質なヤジを飛ばしたところで、聞き流せるようになるもの。不快感も減ってくることが多いようです。

- 自分にとっての「妖怪マインド」が何かを特定することが大事。
- 名前をつけることで自分と思考を切り離す。
- 脱フュージョンのエクササイズを続けているうちに、「妖怪マインド」が何を言っても聞き流せるようになるはず！

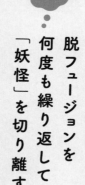

エクササイズ 4

「脱フュージョン」バイキング

脱フュージョンの方法は100通り以上あるのです

エクササイズ3で**「妖怪マインド」の正体を暴いたら、さまざまな方法で「妖怪の着ぐるみ」を脱いでいきましょう。**

自分を批判したり、責めたり、つらい過去を思い出したり、誰かを恨んだりうらやんだりするマインドの言葉は雄弁で説得力があります。それを真実だと考えたり、もっとそのことについて考え続けたくなったりしたときに、脱フュージョンのテクニックを利用してください。

ACTにおける脱フュージョンのエクササイズは100種類以上あるといわれています。ここでは6つほど紹介しますので、バイキング料理のように好みのものを試してみてください。

あいさつエクササイズ 「マインドさん、ありがとう」と感謝して別れる

もっともシンプルなテクニックです。マインドさんがつらい話をしだしたら、できるだけ早くお礼を言います。「あ、またその話？　いつもありがとう。でももう知ってるから大丈夫」「教えてくれてありがとう」と答えるのです。皮肉ではなく、あたたかさとユーモアを交えて言うのがコツです。その思考に名前をつけて呼ぶとさらに効果的。

アニメ声エクササイズ

アニメキャラの声で言い換えてみる

あなたの脳裏に浮かぶ定番の言葉を、有名なアニメキャラの声で言ってみましょう。できるだけ個性的な声がいいですね。長寿アニメのキャラクターなどは使いやすいかもしれません。その声で言われると、なんとなくクスッと笑えるものになりませんか？

歌う エクササイズ　メロディーをつけて歌ってみる

「ハッピーバースデー」に合わせて
♪わ～たし～はダメな～
人間な～んですぅ～♪
あした～はぜ～ったい～
しっぱいし～ますぅ～♪

頭の中でマインドさんの声が聞こえたら、声には出さず、そのフレーズを歌にしてしまいましょう。「ハッピーバースデー」や「七つの子」（カラスの歌ですね）、長寿アニメのテーマソングなど、パッと思い浮かぶメロディーがおすすめです。頭の中で熱唱しているうちに、それほど深刻にとらえなくなるかもしれません。

映像化エクササイズ　映画のワンシーンにして字幕をつける

① 過去の失敗の映像を、映画のワンシーンのように思い浮かべてみましょう。

② そこにマインドさんの言葉を字幕にして入れていきます。

③ タイトルが最後に映し出される。「私の失敗物語」

過去の苦い体験の映像が浮かぶ人は、それを追い出すのではなく、映画を見るように眺めてみましょう。「なんでこんなことを言ってしまったんだろう」など、後悔の言葉は字幕にして映し出します。客観的に見ることで、思考と距離をとることができるのです。

聞き流す
エクササイズ

ラジオ「破滅の未来」を流しっぱなしに

2065年、日本は人口が9000万人を割り込み、2.6人に1人が65歳以上になります。このとき私は80歳。子どももいないのに、いったい誰が私の介護をしてくれるんでしょうか？ 年金だってきっと破綻している。でも貯金はほとんどない。ああ、どうしよう、私の未来は破滅の未来……

マインドさんが語り続ける不安に満ちた未来の話や、その場にいない人たちが言っているあなたの悪口や、あなたが不幸であることを証明しようとする「物語」を真剣に聞く必要はありません。背後で流れているラジオだと思って、今すべきことに心を向けましょう。

語尾を追加
エクササイズ

簡単な言い換えをしてみる

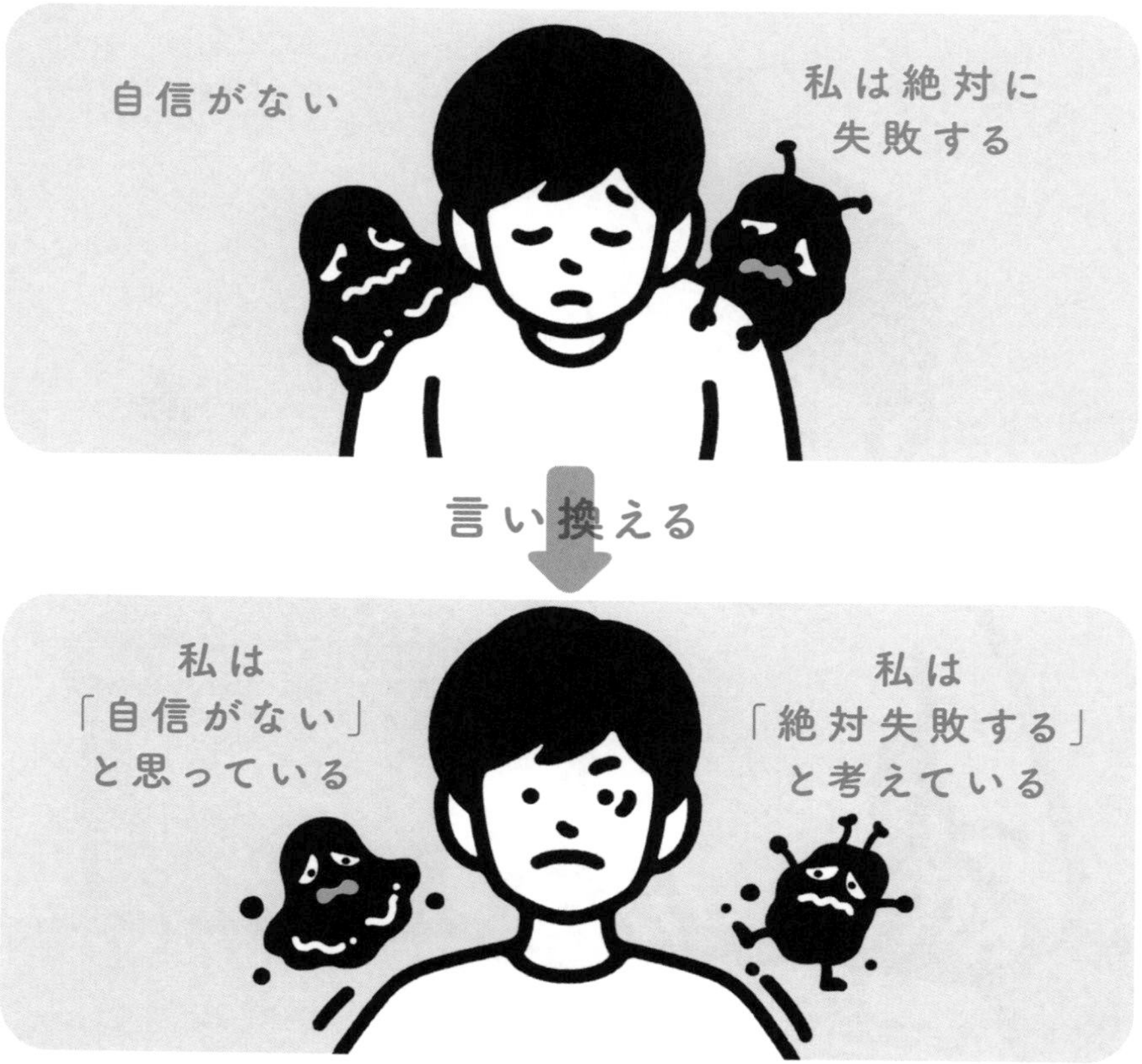
自信がない
私は絶対に
失敗する
言い換える
私は
「自信がない」
と思っている
私は
「絶対失敗する」
と考えている

とても簡単なものですが、自分を客観視するうえで役に立つ言い換えです。「私は失敗する」というのはマインドとフュージョンしている状態ですが、「私は失敗すると考えている」というのは、「観察する自己」の言葉です。言い換えることで視点を変えましょう。

POINT

マインドさんが邪魔してきても聞き流そう

マインドの言葉がただの「言葉」だと実感することが大事

このエクササイズはすべて、**マインドさんのささやきが単なる「言葉」であるということに気づくため**にあります。だからおかしな声で言ったり歌にしたりして、重みを取り除くのです。マインドさんはきっと「アニメキャラの声で言うなんてふざけてる。私はこんなに真剣に悩んでいるのに」「この苦しさの原因をもっと真面目に考えよう」などと言ってくるでしょう。でも、そこに時間を費やす必要はありません。あなたはマインドさんに「助言してくれてありがとう。でも今日はこれで十分だよ」とお礼を言って、少しの間呼吸に集中してください。これを繰り返すのです。

- 自分がやりやすいエクササイズはどれ？
- うまくいかないときには別のエクササイズにチェンジ。
- 何度も練習することで確実にうまくなる。
- 呼吸や自分の体に集中する方法と併用しよう。

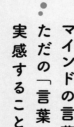

エクササイズ

5

「思考と距離をおく」テクニック

思考を止めようとする行為は「悪あがき」です

エクササイズ4では、自分を悩ませている思考や感情を脱フュージョンする方法をお伝えしました。では、その思考や感情をどうしたらいいのでしょうか？　捨てたり埋めたり燃やしたりできるでしょうか？　いいえ、できません。にもかかわらず、多くの人が自分の思考や感情を否定したり、そこから逃げようとしたりするあまり、お酒や買い物やギャンブルに依存したり、引きこもったり、ゲームやネットの世界に逃げ込んだりしています。それこそ自分を傷つける行為です。

それを実体験できるのがこのエクササイズです。自分でコントロールできないことをどうすればいいのか、紙を使って実感してみましょう。さあ、スタートです。

1 あなたを苦しめる言葉を紙に書きましょう

この紙は自分を支配してしまう「妖怪マインド」です。あなたの耳元でよくささやかれる言葉を大きく書きましょう。

2 紙をできるだけ遠くに遠ざけましょう

両手で紙を持ち、ひじを伸ばして紙を遠くに押しやってください。イヤな言葉ですから、できるだけ遠くまで押しやることが大事です。

③ この姿勢のままでいたらどうなりますか？

腕が疲れてしまいますね。この姿勢を何時間も続けられるはずがありません。しかも顔の前には常にこの言葉があり、どんなに顔をそむけても見えてしまいます。

④ 腕の力を抜き、紙を膝の上におきましょう

紙を遠ざけるのをやめ、膝の上におきましょう。両手は自由になり、別の作業ができるようになります。紙に書かれた文字も目に入らなくなりました。紙はあなたの近くにありますが、意識しなくてもすむ状態になったのです。

POINT

自分の思考と戦わない。居場所をつくってあげよう

イヤな「思考」とともに歩く方法を考える

ここで使う「紙」は「思考」と同じです。私たちの一部なので、どんなに遠ざけたつもりでも逃げ切ることはできないのです。そこに気づいてください。

できれば捨ててしまいたい感情も、膝の上においておけば当座はあなたの邪魔をしません。パソコンも使えるし、本も読めるし、友達とおしゃべりもできます。

風船の中に入れてしまうのもいいと思います。あなたは風船のひもをにぎって歩くのです。あなたの頭の上に「思考」はふわふわ浮いていますが、自由に外出できます。そんなふうに、あなたの思考をどこにおくかをイメージしてみてください。目の前にかざす必要はありません。

- 自分を苦しめる思考を、見つめ続ける必要はない。
- 思考は膝の上においたままで、好きなことをする。
- 思考は頭上に浮かべておいて、どこにでも行ける。
- そのうち思考の影響力は小さくなるはず！

エクササイズ

6

感情の居場所をつくる

メラメラ燃え上がる感情に薪《まき》をくべてはいけない

怒りや不安や絶望感など、激しい感情に突然襲われることがあります。まずお伝えしたいのは、**感情を止めることはできない**ということです。だからといってその感情に薪をくべ、さらに大きな炎にする必要はありません。感情の「薪」になるのは、マインドが発するこんな声です。「なんでこんな気持ちになった？　原因はなんだ？」「私が何をしたっていうの？　私が悪いっていうの？」「怒っちゃダメだ。落ち着こう」などなど。考えれば考えるほど感情は激しくなり、どなったり泣いたり暴力をふるったり、悪い形で外に発散されてしまいます。**大事なことは感情の居場所をつくること**。そのためには、感情による体の変化に観察の目を向けましょう。

1 体の中で不快な部分はどこですか？

全身をスキャンするようにして、体の中で不快になっている部分に気づきましょう。血液はどう流れている？　体温は？　体のどこに力が入った？　激しい感情によって体がどう変化した？　「今」の自分の状態を丁寧に観察していきましょう。

② 自分の体を実感しましょう

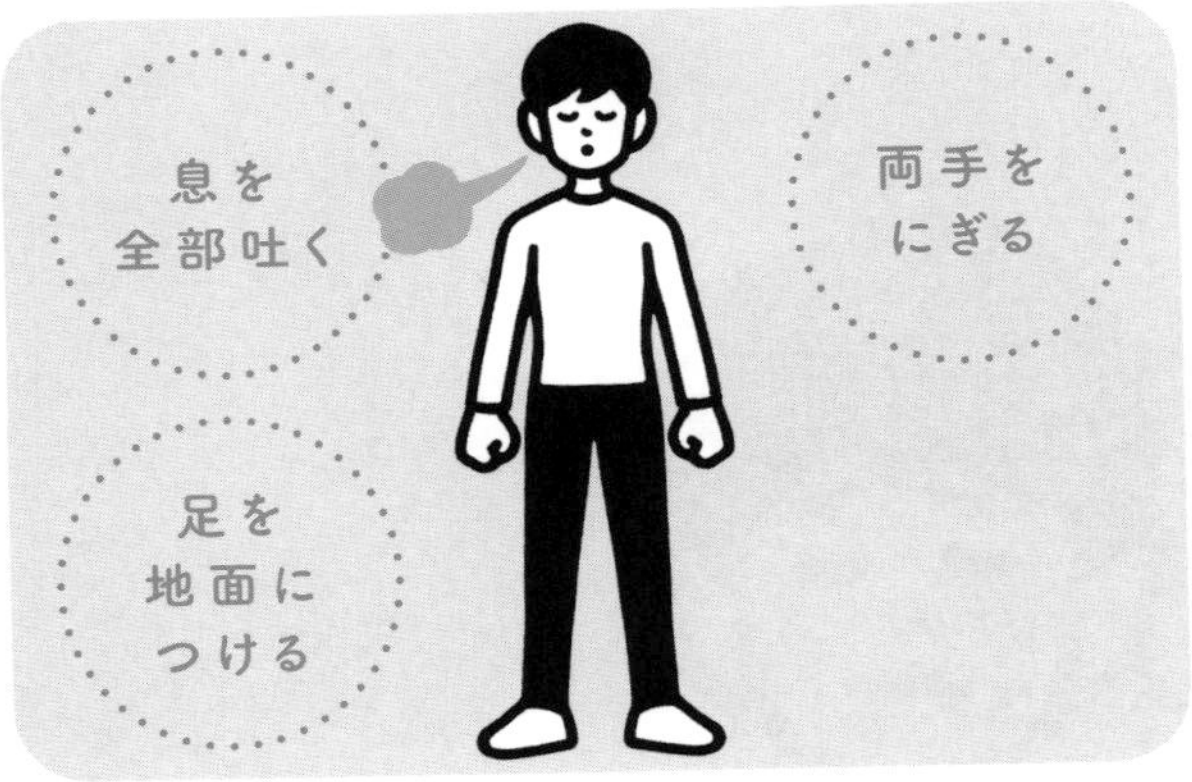
息を
全部吐く
両手を
にぎる
足を
地面に
つける

意識を自分の体に戻しましょう。大事なことは呼吸です。息を全部吐いたらゆっくりと呼吸します。手をにぎったり、両足を地面に押しつけたりしましょう。痛みを感じる部分に手を当てることもいい方法です。

③ 安心できる場所に移動します

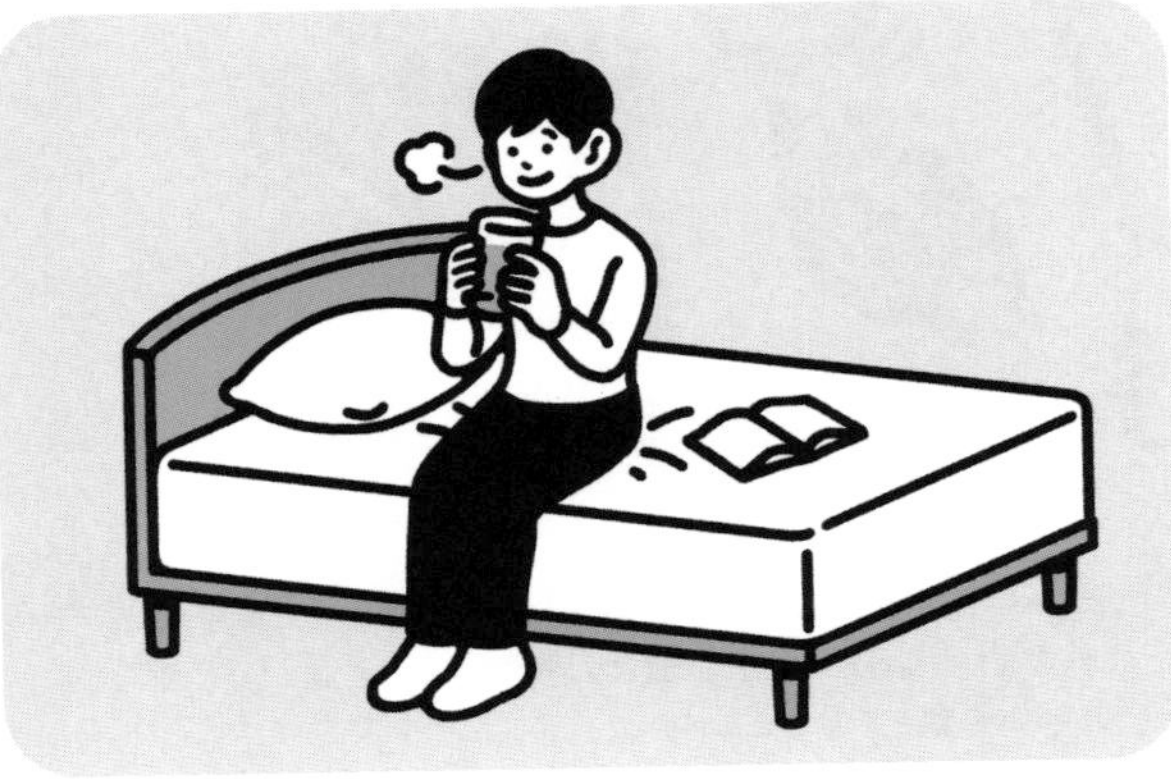

体とつながることができたら、場所ともつながりましょう。あなたがいちばん安心できる場所に移動して、水やお茶を飲むのがおすすめです。今まさにケンカが勃発しそうなときほど、その場を離れることが重要になります。

POINT

感情には手をふれず、そこにおいておきましょう

どんな感情でも認めてあげる。「いて、いいんだよ」

激しい感情が渦巻いているときほど、感情そのものには手をふれないようにしましょう。そのかわり、**体に目を向けるのです**。感情によってどんな変化が起きているかを観察したら、その部分に息を吹き込んであげるようなつもりで呼吸をしましょう。呼吸は、感情の嵐にもまれる船をつなぎ止める碇《いかり》のようなもの。嵐が収まるまで意識的に呼吸することがおすすめです。

もう一つ大事なことは、**どんな感情や感覚が湧いてきたとしても、それを容認すること**です。「怒っちゃダメだ」「涙が出るなんて恥ずかしい」と思わず、「そのままでいい」と許してあげてください。

・激しい感情に薪《まき》をくべるマインドさんの声は聞き流そう。
・感情的になったときほど、体の変化を観察すべし。
・可能なら、自分が安心できる場所に移動する。
・感情は悪者じゃない。感情的に行動することがよくないだけ!

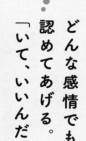

エクササイズ

7

折り鶴と優しい手

人生は厳しい。だからこそ自分に優しく

人生は苦痛と苦悩に満ちています。私たちはさまざまな場面で傷つき、絶望し、困難に直面します。そんなとき、あなたはどんな人といっしょにいたいですか？　Aさんは「世の中にはもっとつらい思いをしている人がいるのよ。あなたは幸せなんだから、もうグチや弱音はやめよう」と励まします。Bさんは「本当につらいね。私はここにいるよ。一人じゃない。いっしょに乗り越えよう」と言ってくれます。どっちがいいですか？

多くの人はBさんだと答えるでしょうね。でも、あなたはあなた自身にそう言えていますか？　**つらいことがあったときにはセルフコンパッション（自分への優しさ）が不可欠です**。自分に寄り添うエクササイズを紹介します。

① 折り紙の裏面に、あなたを傷つける心の声を書きましょう

苦しんでいる自分の気持ちを折り紙に書きましょう。短い言葉で書くのでもいいし、起こった出来事を思いつくままに書くのでもかまいません。

② その紙で、鶴を折ります

「鶴の折り方がわからない」という方は、インターネットで調べてみてください。鶴はできるだけ丁寧に折るようにしましょう。

③ 折り鶴を両手で大切に持ち、優しさを送ってあげましょう

手の中の折り鶴は、傷ついた自分の心です。折り鶴は強くにぎるとすぐにぐちゃぐちゃになってしまいます。両手で大切に持ち、そこに優しさやエネルギーを送ってあげましょう。

POINT

折り鶴に送った優しさを、自分の心にも注ぎ込んで

心の痛みを感じる体の場所にそっと手をおく

壊れそうな折り鶴は傷ついたあなたそのものです。それを優しく持ったときの手の感覚を覚えておいてください。そしてその手を、痛みを感じる体の部分にそっとおいてみます。胸、おなか、頭、のど……。手から伝わるぬくもりを感じながら、精いっぱいの優しさと愛情を注ぎましょう。ときには自分を抱きしめ、痛みを感じる場所に息を吹き込んであげるのもいい方法です。優しい言葉でなぐさめるのもおすすめです。

その**優しさを周囲の人にも向けてみてください**。誰もがみな、折り鶴のような壊れやすい心を持っているのです。自分に優しい人は他者にも優しくなれるはずです。

- 折り鶴に触れることで、傷つきやすい心の扱いを学ぼう。
- 手を通じて優しさやエネルギーを送ることができる。
- その手を心の痛みを感じる体の部位に当て、優しく話しかけることも効果的。

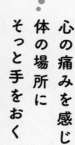

ACTって何？
よくわからない人
のための
代表質問！

3 エクササイズを使いこなすには？

コンさん、またまた暗い顔をしているように見えますが……心配のしすぎですか？

あぁ、やっぱり顔に出ちゃっていますよね。エクササイズをしようとは思うんですけど、最近忙しいので続かなくて……。やっぱり私って怠け者なんですよね……ダメだなぁ。せっかくACTの本を作っているのに、私ったらダメ編集者です。

コンさん、気づいていますか？　今の言葉、マインドさんとフュージョンしまくってますよ。

あ！　そうですね。しまった！

今こそエクササイズのチャンスです。では、さっきの言葉を「ド○えもん」の声で言ってみましょう。はい、どうぞ！

えっ！　今、ここでですか？　……やってみます。コホン。
「のぉ〇太くん、ぼぉくはダぁメなへんしゅうしゃだよ〜」

なるほど……それは「旧」の声優さんの言い方ですね。さすがコンさん、昭和生まれ。

そこですか！
でも、ちょっと気持ちがラクになりました。ド〇ちゃんに言われると、どういうわけか笑っちゃいますもんね。

でしょ？　マインドさんがド〇ちゃんだったり、ちび〇子ちゃんだったりすると、責められている感じがしません。しかもこのネタで悩むのがバカバカしくなる。マインドと距離がとれるようになるんです。

なるほどねぇ。「エクササイズしなくちゃ！」って思うのではなく、頭に「私はダメだ」って言葉が浮かんだら、まずは脱フュージョンできるようなことをしてみるといいんですね。

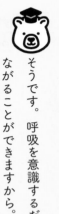

そうです。呼吸を意識するだけだっていいんですよ。それだけで「今、ここ」とつながることができますから。

エクササイズと言えるかどうかわからないんですが、72ページの「妖怪がいっぱい乗ったバス」の話が私は大好きなんです。頭の中がごちゃごちゃしてきたら、あのバスをイメージします。

ほう。バスを運転しているのはコンさんですか？

そうです。私が一生懸命運転しているのに、後ろから「この本、発売予定日に間に合うの？　ライターさんサボってんじゃないの？」と疑心暗鬼にさせるような言葉をかけてきたり、「編集長さっき渋い顔してたよね。次の企画、通らないかもしれないよ」と不安にさせることを言ったりするんです。

コンさんはそのとき、どう感じているんですか？

焦りますし、不安にもなります。でも「またバスの後ろの席でぐちゃぐちゃ言って

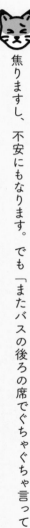

いるよ」って思うとちょっとおもしろくなって、聞き流せるようになるんです。

すばらしい！　それだってもちろんエクササイズです。そうすることによってコンさんは「アクセプタンス」に近づいているわけです。これはぜひ続けてみてください。

え〜、ほめられちゃった！　うれしいです。先生にもお気に入りのエクササイズはあるんですか？

この本で紹介したものはすべてお気に入りではあるんですが、最近は通勤途中の風景をスマホで撮影することに凝っているんですよ。空とか花とか。

それもエクササイズなんですか？

私にとってはそうですね。通勤って毎日同じ道を通りますから風景も変わりません。でも季節や天気次第で同じ風景も同じには見えないんです。写真を撮るときも、角度を変えたり、ズームしたり、思いっきり引いたりすると印象はまるで違います。

もしかしてそれは「観察する自己」を育てているってことですか？

コンさん、レベルアップしていますね！　そうです。漫然と通勤していると見のがしてしまいますが、さまざまなアングルから写真を撮ることで、自分の目のつけどころ、つまり「自分の視点」を意識するようになるんです。あとね、どんどん変化していく風景の「この瞬間」を写真で切り取ることも、私にとっては「今、この瞬間」とつながることなんですよ。

なるほど！　手軽にできるのもいいですね。

ACTのエクササイズって何百種類もあるんです。なぜそんなにあるかというと、実際のセラピー場面では、セラピストがクライアントさんの悩みや反応によって変えているからなんです。その場でどんどん変化するフリー演技みたいなものです。

そういうことですか。ってことは、一人で続けるのは難しいということですか？

そんなことはありません。コンさんだってオリジナルでエクササイズしているように、練習しながら自分が「あ、なんとなくラクになった」「フックされてるって気づけた」と思えるものを見つけてほしいですね。ただ、ACTは「ちゃん・リン・シャン」と瞬時に結果が見えるものではないってことなんです。

ムトウ先生、お言葉ですが「ちゃん・リン・シャン」はあまりに古いです。あ、お若い方にもわかるように説明すると、30年以上前の大ヒット商品のキャッチコピーで、「ちゃんと、リンスしてくれる、シャンプー」の略です。

失礼いたしました（笑）。とはいえ、キャッチコピーとしては秀逸ですよね。今でも覚えているくらいですから。

編集者としては見習いたいです！

PART

4

価値に沿って生きるための3つのエクササイズ

「幸せ」にこだわらなくていい心のうちにコンパスをもって価値に向かって歩く人生を「私の幸せ」と呼びます

ACTの真の意義は、価値に向かって進むこと

さて、いよいよ最終章です。ここではACTの本質ともいえる「価値」に沿って生きるためのエクササイズをご紹介します。

パート3で紹介したエクササイズは、あなたの苦痛や不安を和らげたり、怒りや悲しみといった感情に振り回されたりせずに生きることを手助けしてくれるものでした。

でも、「苦痛や不安や怒りや悲しみがない」というだけで、人生は価値あるものになるのでしょうか。

確かに苦痛などはないほうがいいでしょう。でもそれは「そのほうがベターだ」というだけです。**あなたにとって最良の人生にしていくためには、それだけでは足りないのです。**

価値（value）という言葉の語源はラテン語のvalere。「有意義、強い、力がある」などの意味を持っています。大切で意義のあることを力強く実践していくというニュアンスが込められた言葉なのです。

価値に向かって進む人生は、ときに困難に見舞われるものです。誰かに傷つけられることも、予想もしない大失敗も、自分で自分がイヤになることもあるでしょう。不愉快な感情や、自己否定の思考に襲われることもあると思います。

そんなとき、マインドさんは「価値に向かうなんて、そんな大それたことできるはずがないよ」「痛みや苦しみがなくなりさえすれば、もうそれで十分じゃない？」とささやいてくるに違いありません。

そんなときこそ「脱フュージョン」や「アクセプタンス」をするときです。「観察する自己」に助けられながら、いつだって「今、ここ」とつながることができるのです。

準備は整いました。価値に向かって歩みを進めていきましょう。

価値とは「その行動は有益か？」を判断してくれるもの

最も重要なことは、自分の価値を明確にすることです。パート2でもお話ししましたが、価値は目的でもゴールでもなく、自分のあるべき姿を示してくれるコンパスのようなものです。心の奥底で強く望んでいる「こうありたい」という願いです。
「価値」とは、突き詰めると、たとえばこんなキーワードになると思います。

親切であること　勇敢であること　思いやりを持てること　寛容であること
誰かの支えになること　根気強くあること　誰かの役に立つこと　忍耐強いこと
責任感があること　誠実であること　勤勉であること　あきらめないこと
信頼されること　正しいこと　自律できること　優しい人であること
好奇心旺盛であること　クリエイティブであること　努力し続けること

ここにあげた言葉の中から、自分にとって最も重要だと感じる言葉を選び出して自分に合うように整えていきましょう。たとえば「私は家族が笑顔でいられるように支えていたい」とか「好きな仕事を誠実に続け、周囲の人に信頼されたい」などというように。それがあなたの価値なのです。

見ていただければわかると思いますが、価値は「自分は○○でありたい」というふるまいのようなものです。「○○が欲しい」「○○してもらえる人になりたい」ということではないということを覚えておいてください。

価値が明確であることは、心の中に北極星を持つようなものです。地図やコンパスがなくても、進むべき方角をまちがうことはありません。北極星を目指して着実に進む中で、あなたの人生はきっと輝きを増してくるはずです。

ということで、説明はここまで！　あなたの価値を見いだすためのエクササイズに進みましょう。さまざまな角度から「自分はこういう人でありたい」「こういう人生を送りたい」という思いを浮き出させるしかけになっていますのでお楽しみに。

そして価値を見いだすことができたら、あとは有言実行です。価値に沿った人生になるように、目標を立ててクリアしていきましょう。

エクササイズ

8

あなたの「価値」を明確にする

「もしも○○だったら？」にあなたの価値が隠れている

価値を明確にするのは、実は少し面倒なものです。なぜかというと「これが本当に私にとっての価値なんだろうか？」と迷うことが多いからです。それでつい「また今度やろう」と先送りしてしまうのですが、「今度やろうはバカ野郎」というではありませんか。先延ばしして効率がよかったためしなどありません。「今度やろう」も、マインドさんのささやきだということをお忘れなく。

ここでは価値を明確にするエクササイズにチャレンジしましょう。「もしも○○だったら？」という4つの設定があります。それぞれの場面に自分がいたらと考え、自由にイメージしていきましょう。考えすぎず、直感で！

もしも
その1

80歳の誕生日のお祝いの言葉は？

あなたの傘寿のお祝いに、あなたの愛する家族や友人が集まってくれました。
お祝いのスピーチで、誰にどんな言葉であなたの人生を語ってほしいですか？
イメージしてみましょう。

たとえば「彼はとてもクリエイティブな人で、仕事も遊びもワクワクさせてくれました。80歳になってもそれは健在です」「母は思いやりあふれる人。10人の孫たちにも愛されています」など、自分が80歳のときに言われたい言葉を思い浮かべましょう。なお、これは架空の設定なので、参加者の年齢をあなたの年齢を合わせる必要はありません。

もしも その2　もし10億円が手に入ったら？

あなたのもとに莫大な遺産が転がり込んできました。
あなたはそのお金で、誰と何をしたいですか？
そしてお金持ちになったあなたは、どんなふうにふるまいたいでしょうか。

たとえば「家族全員引き連れてハワイで豪遊したい。残ったお金は老後に備えて貯金したい」と考えるなら、家族を大切にしつつも堅実に安定した暮らしをしたいということ。「会社を起こし、新しい事業をスタートさせたい」と考えるなら、現状に甘んずることなく挑戦的に生きていきたいと考えている証拠。

もしも その3 あと24時間しか生きられないとしたら？

偶然、自分があと24時間しか生きられないことを知ってしまいました。
でもそれを誰かに伝えることはできません。
さて、あなたは残された24時間をどう過ごしたいですか？

何を
伝えたい？
どんな人として
ふるまいたい？
23:59
どこで誰と
過ごしたい？

たとえば「妻に愛していることを伝え、よい夫としてふるまいたい。今まで仕事ばかりで家庭を顧みなかったことを詫びたい」と考えた場合、現在の仕事漬けの生活はあなたの「価値」に合っていないということがわかります。生活を見直す時期なのかもしれません。

もしも
その4

子どものころの理想を何か1つ実現できるとしたら？

あなたは子どものころ、何になりたかったでしょうか。
大好きだったもの、あこがれていた人は？
あなたはどんな世界を望んでいたでしょうか。

幼いあなたが「なりたい」と願ったのは、そこに何か共感するものがあったからです。「消防士になりたい」と思っていた人は「誰かを助けたい」という願いがあったのかもしれませんし、「アイドルになりたい」と思っていた人は「人を喜ばせ、楽しませる存在」になりたかったのかも。そこに「価値」の原点を見いだすこともできますよね。

POINT

「したい」「なりたい」と願ったのはなぜ？その背景を探ろう

価値は個人的なもの。正しい・正しくないで判断しないで

4つのエクササイズの答えが、なんとなく似たものになっていたかもしれませんね。でもそれこそがあなたの価値です。

価値とは個人的なものです。正しい価値、まちがっている価値はありません。でも高校生の子が「学校には行かずゲーム三昧でいたい」と言った場合、価値には結びつきにくいものです。それでも少し掘り下げると「ゲームをクリアする達成感が好き。自分で見つけたテクニックをみんなに伝えたい」という答えが出てくるかもしれません。そこから「達成」「やり遂げる」「喜びの共有」という、その子の価値が見えてきます。願望の奥に価値が隠れているのです。

- 「もしも〇〇だったら？」の願望の根底には、価値がある。
- 一見、価値を感じない願望でも、深掘りすれば見えてくるものがある。
- 価値という基準を持つことで、マインドさんに振り回されない決断ができるはず。

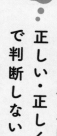

エクササイズ

9

私の人生すごろく

「私らしい人生」を考えよう。人生に必ずあってほしい要素

「あなたにとって、価値とはなんですか？」という質問に「自分らしくいられること」と答える人は意外に多いものです。でも「自分らしい」とはどんな状態をいうのでしょうか？　そして「自分らしい人生」ってどんな人生？

ということで、あなたの人生に起こりうる出来事をすごろくにしてみました。偶然（運命？）に導かれたマス目に、あなたの人生のキーワードが書かれている……というエクササイズです。ゲーム感覚でできますので、楽しんで挑戦してみてください。やることは、好きな数字を選ぶだけ。すごろくのワードを集めたら「自分らしい人生」になるのでしょうか？　さて、運命の数字はいくつ？

① □の中に、あなたの好きな数字を6つ書いてください。

［ルール］

- 数字を書くまで、次のページをめくらないでください。
- 数字は1～55までのどの数字でもかまいません。
- ただし、6つ全部足して60を超えてはいけません。
- 同じ数字を2回書いてもいいですよ。

左のマスから書いていきましょう。

□ □ □ □ □ □

書きましたか？
では、次のページに進みましょう！

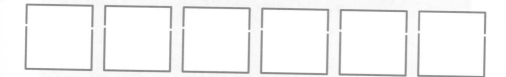

② 選んだ数のぶん進み、書いてあるワードに○をつける

- スタート地点から、最初に選んだ数字（左から順に）のぶん進みます。
- 最初に10を選んだら、10のマスで1回ストップ。書いてあるワードに○をつけます。
- 次に2つめの数のぶん進み、書いてあるワードに○。これを6回繰り返します。

START

1. 勉強が好き
2. 冒険の旅に出る
3. たばこを一日50本吸う
4. 異性にモテモテ
5. 音楽の才能に気づく
6. 人をだます天才
7. 500万円の借金を背負う
8. 運動部に入る
9. パートナーの浮気発覚
10. 人助けで表彰される
11. がんが見つかる
12. 地球を守るヒーローになる
13. 仲間に裏切られる
14. 宇宙飛行士になる
15. 代議士になる
16. 結婚する
17. 自分のお店を持つ
18. 詐欺師になる
19. 逮捕される
20. 万馬券を当てる
21. 子どもを授かる
22. 遺産が転がり込む
23. 大学に入り直す
24. アイドルデビュー
25. 世界一周旅行から戻る
26. パートナーと別居する
27. 家族を失う
28. 家に放火される
29. ホームレスになる

- 30 ベストセラー作家になる
- 31 交通事故にあう
- 32 左遷される
- 33 離婚する
- 34 推し活にお金を注ぎ込む
- 35 詐欺にあう
- 36 人気YouTuberになる
- 37 兵士になって戦場へ
- 38 勤続40年で表彰される
- 39 社長になる
- 40 家を建てる
- 41 投獄される
- 42 三世代同居
- 43 海で遭難
- 44 別荘を買う
- 45 無職になる
- 46 アルコール中毒で入院
- 47 体重が100キロを超える
- 48 112歳でも元気
- 49 好きな人に告白される
- 50 愛情深い家庭を得る
- 51 ノーベル賞受賞
- 52 大地震に遭遇
- 53 海外留学する
- 54 会社を起こす
- 55 特許を取得する
- 56 オーガニック農園を開く
- 57 平穏無事な人生を送る
- 58 弁護士になる
- 59 認知症になる
- 60 47都道府県全部を旅行

3 人生すごろくで、あなたの人生に起こる6つのことはなんでしたか？

1 ……………………………………

2 ……………………………………

3 ……………………………………

4 ……………………………………

5 ……………………………………

6

さて、この中にあなたにとって価値を感じられるものがあるでしょうか？
もしもなかったら、前のページに戻って探してください。

4 60マスの中から「価値がある」と思える言葉を6つ拾い出しましょう。

1 ……………………………………

2 ……………………………………

3 ……………………………………

4 ……………………………………

5 ……………………………………

6

POINT

偶然にまかせて生きることの怖さを知りましょう

「イヤだ」と感じるワードは裏返して「価値」に変える

ゲーム性のあるエクサザイズを用いたのは**「人生を運まかせ、偶然まかせにするのはけっこう怖いことだよ」とお伝えしたかったからです。**選んだ数のぶん進む中で、「ああ、このマスでストップしたい」と思えるワードがあったはずです。そう、それこそがあなたが求める人生なのです。

「これはイヤだ」と感じるワードの中にも、あなたの価値が隠れています。「無職になる」ことがイヤな人もいれば、「家族を失う」ことにゾッとする人もいるでしょう。そのワードを裏返せば、「生涯をかけられる仕事をしたい」「家族を大切にしたい」という価値が見つかるのです。

- 60マスのワードの中から、「自分らしい」と感じる言葉を見つけよう。
- 「私の人生、こうありたい」という具体的なイメージを持とう。
- 「これはイヤだ」と思ったら、その感覚もあなたの価値。

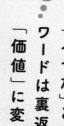

エクササイズ10

4つの「価値」と目標設定

ACTは有言実行！小さなことから、こつこつと

自分の「価値」がなんとなくつかめてきたら、それを「人生の4つの領域」に落とし込んでいきましょう。パート2でも説明した**「人間関係」「仕事・学業」「個人的な成長・健康」「余暇」の4つ**です。その中であなたがいちばん重要だと考えている領域から始めましょう。

まず、価値を明確にします。その価値に沿う形で、目指すべき目標を設定していくのです。目標には**「今すぐできる小さくて簡単な目標」「短期的な目標」「中期的な目標」「長期的な目標」の4つ**があります。具体的かつ現実的で、価値に沿うようなことを目標にしていきましょう。

頭で考えるだけではダメ。紙にしっかり書いて見えるところに貼るのです。目標達成ワークシートも利用してください。

ステップ① 価値を紙に書き出しましょう

それぞれの領域ごとに、自分の考える「価値」を書き出しましょう。

ステップ② 小さくて簡単な目標を立てましょう

今すぐできるいちばん簡単な目標を決めましょう。
最初のステップはできるだけ小さいもののほうがいいのです。

ステップ③ 短期的な目標を立てましょう

この先、1週間～1カ月くらい続けられる目標を立てましょう。
ステップ②の目標を継続させる、というのでも大丈夫です。

ステップ④ 中期的な目標を立てましょう

さらに、数カ月～1年くらいかけて達成したい目標を洗い出してみましょう。
できるだけ具体的な成果が見えるものがいいでしょう。

ステップ⑤ 長期的な目標を立てましょう

今後数年間に達成すべき目標について考えてみましょう。
数年先、どんな自分でありたいかをイメージするといいですね。

※まず長期的な目標を立てて、そこから小さな目標に落とし込んでいくほうがやりやすいと思うのであれば、ステップ②～⑤の順番を逆にしてもいいでしょう。

［目標達成ワークシート］

この見本を参考に、自分にとって大切な領域のシートに記入していきましょう。

最初から4つの領域すべて書く必要はありません。まずは1つを選んで実践していきましょう。

自分の成長・健康

見本

★ あなたの価値は？

体に気づかい、自分を律することができる

★ 今すぐできることを書こう

①インターネットでフィットネスクラブを探す
②夕食のごはんを半分に減らす

★ 目標を立てよう

短期的な目標（1週間～1カ月で達成）	中期的な目標（数カ月～1年で達成）	長期的な目標（今後数年間で達成）
①フィットネスクラブに入会する（週1回通う）	①プールで2キロ泳ぎ続けられる	①5年後には標準体重を維持
②通勤のときに1駅多く歩く	②食事の内容を見直す	②毎年の健康診断で「問題なし」と言われる
③夕食のごはん半分を継続	③1年後には体重を5キロ減らす	
	④人間ドックを受診	

人間関係

★ あなたの価値は？

★ 今すぐできることを書こう

★ 目標を立てよう

短期的な目標（1週間～1カ月で達成）	中期的な目標（数カ月～1年で達成）	長期的な目標（今後数年間で達成）

仕事・学業

★ あなたの価値は？

★ 今すぐできることを書こう

★ 目標を立てよう

短期的な目標 （1週間～1カ月で達成）	中期的な目標 （数カ月～1年で達成）	長期的な目標 （今後数年間で達成）

自分の成長・健康

★ あなたの価値は？

★ 今すぐできることを書こう

★ 目標を立てよう

短期的な目標（1週間～1カ月で達成）	中期的な目標（数カ月～1年で達成）	長期的な目標（今後数年間で達成）

余暇

★ あなたの価値は?

★ 今すぐできることを書こう

★ 目標を立てよう

短期的な目標 （1週間～1カ月で達成）	中期的な目標 （数カ月～1年で達成）	長期的な目標 （今後数年間で達成）

POINT

失敗したらプランB。クヨクヨせずに脱フュージョンです

うまくいかない場合は目標そのものを見直そう

目標を決めてシートを壁に貼っても、それだけでうまくいくわけではありません。「あれ？　なんか予定どおり進んでないぞ」ということもよくあることです。そんなとき「どうせ私は何をやってもダメなんだ」なんて思わないこと。脱フュージョン＆アクセプタンスです。

失敗の原因は①目標が大きすぎた、②達成のためのスキルや時間が不足していた、③完璧を求めすぎた、のいずれかです。

目標は変更してかまいません。いえ、価値だって見直しが必要かもしれません。現在の生活を「観察する自己」の目で見直して、プランBやCにシフトチェンジです。

- 目標は変更可能。今の生活に合うように修正を。
- 価値そのものの見直しをしてもOK。
- うまくいかなくても大丈夫。
  自分を責めるマインドさんの声には耳を傾けない。

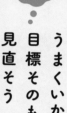

ACTって何？
よくわからない人のための代表質問！

4 「価値」っていったい何？

コンさん、この本もようやくエンディングなのに、またまた暗い顔に見えるのですが……。

ムトウ先生、私の「価値」ってなんでしょう？

それはまた「ど・ストレート」な質問……ご自身が目指す「価値」がよくわからないんですね？

恥ずかしながら考えたこともなかったんです。仕事と家庭の両立でずっと忙しくて……。本を作る仕事は大好きだし、子育ても楽しかったんですが、あと数年で定年退職だし、子どもは独立しちゃった。今後は夫とふたり、健康で長生きしたいなぁとは思うんですが、これは「価値」じゃないですよね？

じゃあちょっと質問させていただけますか？　そもそもコンさんはなぜＡＣＴの本を作ろうと思われたんですか？

実は、昨年亡くなった私の父は心理学者でした。病床でもＡＣＴの専門書を読んでいたんです。父の遺した本や資料を読んでみたら……難しくてよくわからなかったんですが（笑）、きっとこれは人の役に立つ本だ！って直感しました。だから、ぜひ私の手で一般向けの本にしたいと思ったんです。

なるほど！　コンさんは、お父さまを大切に思っているし、人の役に立ちたいとも思っていらっしゃる。お父さまの知見を無駄にしたくない、ＡＣＴは人の役に立つから出版したい、そういうお気持ちが強く感じられます。

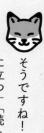

そうですね！　私はずっと実用書を作ってきた編集者なので、「わかりやすい」「役に立つ」「読み終わったら明るい気持ちになれる」ことを重視して本を作ってきたと思います。

読者の幸せもご家族の幸せも大切にされてきたんですね。「誰かの役に立ちながら、自分も健康で笑顔でいたい」、それがコンさんの「価値」なのでは？

そうかもしれません。いえ、そのとおりです！

では、そのために今後は何をしますか？

定年までに絶対に作りたい本が何冊かあるので、それを実現させます。あと健康が今後の私にとって大きなテーマなので、運動もしなくちゃ。以前からストレッチ教室に行っているんですが、もっとちゃんと行きます。夫と共通の趣味の音楽会や旅行にも行きたいですね。

それを具体的に計画表に落とし込んでいくといいですね。
私もコンさんと同世代なのですが、ここまで歩んできた人生で得たものをどう使いこなしていくかが、価値と大きくかかわってくると思っているんです。冷蔵庫にあるもので料理を作る、みたいな（笑）。中高年世代に、ＡＣＴはぴったりだと思います。

若い人たちにもぜひ読んでほしいと思います。だって、ＡＣＴの考えを20代や30代で知っていたら、もっといい仕事ができたり、もっと毎日楽しく過ごせたりしたのかもしれない……。

コンさん、またマインドさんとフュージョンしていますよ。

しまった！（ちび○子ちゃんの声で）「あーあ、あたしゃ20代でACTと出会いたかったよぉ、まったく遅いねえ」

あははは。コンさん、腕を上げましたね～、すばらしい。

おほめにあずかり光栄です（笑）。今からだって全然遅くないですもんね。心の中に北極星をもって進んでいけば、100歳までの人生も充実して過ごせそうです。

いいですね！ ACTがその手助けになってくれるといいのですが。

この本も残りわずかになりましたが、ムトウ先生から最後に「あとがき」などお願いできますか？

あとがき……必要ですか？ 本っていうものは、読んでくださった方にすべてを委

ねるのがスジだと思っています。作者が「こういう思いで作りました」みたいなものは邪魔な気がするので、あとがきは「なし」ってことにしましょう。

ムトウ先生らしいですね！

「らしい」ですか？（苦笑）では、この本がヒットして次回作を出版できるように祈りつつ、お別れしましょう。それでは！

……売れなかったらどうしよう～（汗）。ドキドキしてきた。

コンさん、またフックされてますよ～。

〈おしまい〉

参考文献など

『ACT（アクセプタンス＆コミットメント・セラピー）をはじめる　セルフヘルプのためのワークブック』

『よくわかるACT（アクセプタンス＆コミットメント・セラピー）　明日からつかえるACT入門』

『教えて！ ラス・ハリス先生　ACT（アクセプタンス＆コミットメント・セラピー）がわかるQ＆A』

『セラピストが10代のあなたにすすめるACTワークブック　悩める人がイキイキ生きるための自分のトリセツ』（すべて星和書店）

『幸福になりたいなら幸福になろうとしてはいけない　マインドフルネスから生まれた心理療法ACT入門』（筑摩書房）

WHO「ストレスを感じたらやるべきこと：イラストガイド」
https://apps.who.int/iris/bitstream/handle/10665/331901/9789240003910-jpn.pdf

ACT Japanホームページ
https://www.act-japan-acbs.jp/index.html

武藤崇（むとう・たかし）

同志社大学心理学部教授

公認心理師・臨床心理士。埼玉県生まれ。1998年筑波大学大学院博士課程心身障害学研究科修了。博士（心身障害学）。ネバダ大学リノ校客員教授として、S・C・ヘイズ博士の研究室に所属。日本におけるACT研究の第一人者で「ACT Japan」の顧問（初代理事長）。ACTの著書・訳書多数。臨床心理学（行動分析学）を専門とする。「心理学は、科学と実践の『二刀流』の体現がキモとなる学問である」がポリシー。

［STAFF］

表紙・中面イラスト	docco
ブックデザイン	喜來詩織（エントツ）
構成	神素子
special thanks	中島美鈴　園田順一
DTP制作	鈴木庸子（主婦の友社）
編集担当	近藤祥子（主婦の友社）

ACT《アクト》　不安《ふあん》・ストレスとうまくやる メンタルエクササイズ

令和5年 8 月20日　第1刷発行
令和6年 9 月10日　第4刷発行

著　者　武藤《むとう》 崇《たかし》
発行者　大宮敏靖
発行所　株式会社主婦の友社
〒141-0021 東京都品川区上大崎3-1-1 目黒セントラルスクエア
電話 03-5280-7537（内容・不良品等のお問い合わせ）
049-259-1236（販売）
印刷所　大日本印刷株式会社

ISBN978-4-07-455278-8

・本のご注文は、お近くの書店または主婦の友社コールセンター（電話0120-916-892）まで。
＊お問い合わせ受付時間　月～金（祝日を除く）10:00～16:00
＊個人のお客さまからのよくある質問のご案内　http://www.shufunotomo.co.jp/faq/